L'ÉGLISE

DE

SAINT-MARTIN

DE MAYENNE

PAR

A. GROSSE-DUPERON

Vice-Président de la Commission historique et archéologique de la Mayenne
Membre titulaire de la Société historique et archéologique du Maine

---

ÉTUDE HISTORIQUE

MAYENNE
IMPRIMERIE POIRIER FRÈRES
M.D.CCCC.X

L'ÉGLISE
DE
SAINT-MARTIN
DE MAYENNE

TIRÉ A DEUX CENTS EXEMPLAIRES

DONT VINGT-CINQ SUR PAPIER HOLLANDE

N° 176

Eglise de Saint-Martin

L'ÉGLISE

DE

SAINT-MARTIN

DE MAYENNE

PAR

A. GROSSE-DUPERON

Vice-Président de la Commission historique et archéologique de la Mayenne
Membre titulaire de la Société historique et archéologique du Maine

---

ÉTUDE HISTORIQUE

MAYENNE

IMPRIMERIE POIRIER FRÈRES

M.D.CCCC.X

M. l'abbé Angot nous a communiqué des notes qui nous ont permis de compléter celles que nous avions sur les curés de Saint-Martin de Mayenne. Nous lui en exprimons notre gratitude.

Les armoiries qui figurent au titre, « d'argent à un moine de carnation habillé de sable », sont celles des Bénédictins de Fontaine-Géhard dont les prieurs étaient curés primitifs de Saint-Martin de Mayenne.

Sont encartés dans le volume :

La vue extérieure de l'église, au titre.

Un autographe du curé Macé de Lestang, page 9.

Un autographe du curé Barbeu du Bourg, page 17.

Une vue du pignon de l'église, page 25.

Une vieille maison de Saint-Martin, page 121.

Le portrait du curé Pellier, page 145.

Le portrait du curé Forveille, page 153.

Le portrait de M. le curé Orillard, page 157.

La chapelle du Sacré-Cœur, page 161.

M. Carré, chef de l'Octroi de Mayenne, nous a fait la photographie de l'église, de la vieille maison et de la chapelle du Sacré-Cœur.

Nous devons à M. Chevrinais, photographe à Mayenne, celles des trois curés.

Nous réitérons à MM. Carré et Chevrinais tous nos remerciements de leur gracieuseté.

A. G.-D.

L'ÉGLISE

DE

SAINT-MARTIN DE MAYENNE

CHAPITRE Ier

L'ANCIEN PRIEURÉ DE SAINT-MARTIN, OCCUPÉ PAR LES MOINES DE MARMOUTIER ; LEUR TRANSFERT AU CHATEAU DE MAYENNE. — LES PRIEURS DE SAINT-ETIENNE ET DE FONTAINE-GÉHARD DEVENUS SUCCESSIVEMENT CURÉS-PRIMITIFS DE SAINT-MARTIN. — LES CURÉS DE LA PAROISSE. — LES PROCUREURS DE LA FABRIQUE.

L'origine de la fondation de l'église de Saint-Martin de Mayenne est fort ancienne.

Par une charte du 23 avril 802, Charlemagne confirma, dans les termes suivants, aux prêtres et chanoines « sacerdotes et canonici » de l'église Saint-Gervais du Mans (la cathédrale) les droits qu'ils réclamaient, notamment sur divers monastères, parmi lesquels figuraient celui de Saint-Martin de Mayenne :

« Quorum deprecationes propter amorem Dei libenter audivimus, et sicut deprecati sunt, monasteria vel cellulas seu vicos vel villas, quas nostrâ largitione ex jure præfixæ ecclesiæ nostri fideles habere disnoscontur, nominatim in hoc præcepto inserere jussimus, ut futuris temporibus in jure et dominatione jàm dictæ ecclesiæ cum omni integritate permaneant. Id est :... monasteriolum Sancti Martini in Diablentico... » (1)

En 832, Louis-le-Débonnaire en réitéra la possession à l'église du Mans, qui avait alors saint Aldric pour évêque (2).

Détruite probablement par les Normands, nous trouvons l'église de Saint-Martin ainsi que ses biens en mains laïques, au milieu du XIe siècle. Hamelin de Lévaré, qui la possédait à cette époque, donna à l'abbaye de Marmoutier, du temps de l'abbé Aubert, l'église avec les deux tiers des oblations, des sépultures et des dîmes, et cette donation fut confirmée par Geoffroy, seigneur de Mayenne, Mathilde sa femme, Hamelin, Gauthier et Hersende leurs enfants; il y ajouta même la terre du Vieux-Bourg, entre le Bourgneuf et le ruisseau de l'étang près du château. C'est là sans doute, la portion de la paroisse de Notre-Dame, faisant partie du Petit-Bourg « burgonculum » situé près du Château de bois « juxtà castrum ligneum » que Robert Paon concéda plus tard en partie aux religieux de Saint-Martin (3).

Le prieuré se trouva alors en état de nourrir deux religieux. Les moines Fulcodius et Sulio vinrent le desservir et en augmentèrent les revenus par de nombreuses acquisitions (4). Ce fut sans doute avant le réta-

(1) V. la Géographie ancienne du diocèse du Mans, par Cauvin, pages L, LI.

(2) V. *Ibidem*, pp. LIV et s.

(3) V. *Dictionnaire historique de la Mayenne*, par M. l'abbé Angot.

(4) Nous ne donnons pas les chartes concernant les acquisitions faites par le prieuré de Saint-Martin. Elles figureront dans un *Cartulaire manceau* de Marmoutier, que doit publier prochainement M. Laurain, l'aimable et savant conservateur des archives du Département de la Mayenne.

blissement du culte au prieuré, que la chapelle de la Madeleine servit d'église paroissiale aux habitants de la rive gauche de la Mayenne (1).

En 1120, Juhel Ier, baron de Mayenne, fils de Gautier, petit-fils de Geoffroy, transféra les moines de Marmoutier du prieuré de Saint-Martin au château même de Mayenne. Traduisons un passage de la charte qui relate ce changement : (2)

« Il est écrit, disait-il, que l'esprit de l'homme est naturellement porté au mal dès son adolescence, que la voie qui mène à l'enfer est large et que celle qui conduit à la vie est étroite. Aussi importe-t-il à nous tous, qui sommes raisonnables, d'user de tous les moyens possibles pour que, nous gardant de la voie large, nous nous appliquions à cheminer dans la voie étroite et que nous nous efforcions d'accomplir, avec l'aide du Seigneur et en assistant l'église et les pauvres, ce que nous ne pouvons faire nous-mêmes.

« En réfléchissant souvent en moi-même à ces considérations, moi, Juhel fils de Gautier, seigneur du château de Mayenne, ai fini par prendre la résolution, sous l'inspiration divine, de donner ma chapelle (du château) à Dieu, à Saint-Martin de Marmoutier et aux moines de ce monastère, dont quelques-uns habitent près de nous (à Saint-Martin de Mayenne), depuis longtemps déjà, et qui y vivent pieusement. La chapelle serait consacrée sous le vocable des saints Etienne et Laurent et de tous les martyrs du Christ ; je donnerais en même temps toutes les dépendances de cette chapelle et quelques autres accroissements dont le détail sera indiqué.

« Comme j'hésitais depuis quelque temps à mettre ce projet à exécution, il advint, non certes par hasard mais

(1) V. *La Madeleine à Mayenne*, pp. 11 et 12.

(2) V. *Histoire des Seigneurs de Mayenne*, par Guyard de la Fosse : *Preuves*, pp. IV et s.

bien, comme je le crois, par la volonté de Dieu qui m'en avait inspiré la pensée, que l'abbé de Marmoutier, nommé Guillaume, arriva en mon château de Mayenne. Très joyeux de cette nouvelle et comme presque certain de l'accomplissement de mes désirs, je lui fis connaître dans nos entretiens le souhait de mon cœur. Mais, comme en sa qualité d'homme de religion et sage, il savait mieux comment ce projet pouvait s'exécuter plus avantageusement, il me répondit qu'il devait consulter l'Evêque du Mans et qu'une semblable innovation dans une paroisse du diocèse devait être faite par les soins et avec l'assentiment de ce dernier.

« Or, sur ma demande et à un jour convenu, se rendit à Mayenne le très vénérable évêque du Mans, Mgr Hildebert, à qui se joignit l'abbé Guillaume dont j'avais pris conseil.... ».

Là, Juhel fit, en effet, donation à l'Evêque, qui en transmit aussitôt le bénéfice à l'abbé de Marmoutier, de la chapelle de son château de Mayenne, avec tout le territoire qui en dépendait du côté des Buttes, en vue de composer une sorte de petite paroisse sur le territoire de Notre-Dame de Mayenne.

Le baron de Mayenne stipulait que les moines, qui occupaient alors le prieuré de Saint-Martin de Mayenne, le garderaient dans leur dépendance, bien qu'ils fussent transférés au château de Mayenne où ils formeraient un autre prieuré. C'est ainsi que le prieur du nouvel établissement, qui porta le nom de Saint-Etienne, resta curé-primitif de Saint-Martin de Mayenne. Cette paroisse fut d'abord administrée par des curés présentés par le prieur de Saint-Etienne et nommés par l'évêque. Lorsque plus tard, le prieuré de Saint-Etienne fut détruit et remplacé par celui de Notre-Dame de Fontaine-Géhard, en Châtillon-sur-Colmont, le prieur de ce monastère demeura aussi curé-primitif de Saint-Martin et conserva ce titre et ses privilèges jusqu'à la Révolution [1].

Les prêtres choisis par les curés-primitifs pour desservir une paroisse furent d'abord appelés « chapelains, vicaires, fermiers-vicaires », puis prirent le titre de « curés ». Une déclaration du roi, en date à Fontainebleau du 5 octobre 1726, contient ce passage : « Pour inspirer à nos peuples le respect et la juste confiance qu'ils doivent à leurs pasteurs, les vicaires perpétuels pourront, en tous actes et en toutes occasions, prendre la qualité de curés de leurs paroisses et ils seront reconnus, en cette qualité, par tous les fidèles confiés à leurs soins ».

La paroisse de Saint-Martin eut pour la desservir :

1220. — Hervé « capellanus ».

1486. — Jean Lefebvre. Il fut délégué par l'évêque du Mans, en 1497, pour estimer la valeur des biens affectés à la fondation de la chapellenie connue sous le nom de « Sainte-Croix de la Goupillère », desservie dans l'église de Notre-Dame de Mayenne [2].

1505. — Guillaume Guytier.

1527. — Guillaume Martinais.

Ce dernier eut pour successeur, le 14 février 1557, Michel Le Pouriel, licencié ès-lois, qui résigna deux ans après en faveur de Mathieu Bélard ou Béland,

(1) Le prieur de Fontaine-Géhard était tenu, comme curé-primitif, d'entretenir à l'église Saint-Martin les voûtes, les deux chapelles du transept et le clocher, — de rénumérer le curé ou vicaire-fermier. Vers 1700, il touchait les deux tiers de la dîme de la paroisse, le second vicaire était payé par le curé, qui lui versait 100 écus par an et lui donnait la table.

Le clergé séculier supporta toujours mal l'ingérence des moines curés-primitifs, et le chapitre de la collégiale de Carrouges, au diocèse de Sées, émettait, dans son cahier de doléances, en 1789, que « les religieux, qui étaient séparés du monde et n'avaient aucune part dans le gouvernement des paroisses, renonçassent à en choisir les pasteurs ».

(2) V. *Les Chapellenies de Mayenne avant la Révolution*, pp. 17 et s.

bachelier en droit canon, fils d'Ambroise Belland, originaire d'Epineux-le-Séguin. Celui-ci prit possession de la cure le 3 août 1559, ainsi qu'il appert d'un procès-verbal dressé par François Payen, « notaire juré aux contrats de la Cour royale du Mans et du Bourgnouvel, demeurant à Mayenne ».

Béland eut plusieurs compétiteurs. En voici la liste :

1° François Le Faulcheux, licencié en droit canon, curé de Melleray, pourvu en Cour de Rome, dont la prise de possession à Mayenne avait eu lieu dès le 16 février 1559, en présence de Jean-Baptiste Gaudinière, vicaire de la paroisse.

2° Ambroise Vorière, curé de Saint-Ouen-des-Oies (aujourd'hui Saint-Ouen-des-Vallons), qui mourut en 1562.

3° Michel Lebert, clerc du diocèse du Mans, demeurant à Paris, présenté par Marion, prieur de Fontaine-Géhard, le 6 novembre 1562. Son mandataire, Thomas Laumonnier, fit pour lui acte de possession le 25 décembre 1562, devant Adrien Pennart, notaire royal du Mans et du Bourgnouvel, en présence de Simon Trahay, prêtre de Saint-Martin, de Julien Dodard, clerc de la paroisse de Notre-Dame, et de Macé de Lestang, prêtre, « qui était sur le point de commencer la grand'messe ». Laumonnier, au nom de Lebert, défendit à cet officiant « de rien faire à l'avenir sans en avoir l'autorisation de son mandant ».

4° Michel Thulard, bachelier en décret, curé de Saint-Ouen-des-Toits, titulaire de la chapellenie du Verger, desservie en l'église de Gorron, et de celle du Chêne-Vert, desservie en l'église de Saint-Maurice d'Angers.

5° Jean Thuaud, prêtre du diocèse d'Angers, titulaire de la chapellenie du Châtaignier et de Montecler, desservie dans l'église de la Trinité d'Angers, et de la chapelle de Saint-Pierre de la Baudinière, en Pouancé. Sa prise de possession fut faite le 21 mai 1567, devant Simon Lambert, notaire royal du Mans, à la résidence de Viré-en-Champagne, en présence de : Jean Lilavois, prêtre, Rémy Deslandes et François Amiard, de Mayenne, et de François Edon, de Villaines-la-Juhel.

Lefaulcheux réussit finalement à rester maître de la cure de Saint-Martin ; il n'en demeura pas moins titulaire de la cure de Melleray qu'il résigna seulement, en 1567, en faveur d'Emery Venard.

Il possédait aussi la chapellenie de la Mesnardière, dont les messes étaient célébrées à l'autel de « la Vierge de Pitié » dans l'église de Notre-Dame de Mayenne (1).

La chapellenie, dite des Faucheux, desservie à l'autel Saint-Julien de l'église de Notre-Dame de Mayenne, fut fondée par François Le Faulcheux aux termes d'un acte devant Julien Le Moulnier, notaire royal à Mayenne, le 28 mars 1573 (2).

On lui doit probablement la première école de la paroisse de Saint-Martin. Par acte passé devant Julien Le Moulnier, notaire à Mayenne, le 17 novembre 1573, « il donna à la Fabrice de l'église de monsieur Saint-Martin deux maisons situées sur la butte, derrière l'église, pour le plus ancien secrétain, prêtre ». Entre autres charges, le titulaire devait « tenir les petites escolles aux enfants de ladicte paroisse Saint-Martin, tant fils que filles qui y voudraient aller, et leur apprendre leur Pater Noster, Ave Maria, Credo in Deum, Agimus tibi gratias, misereatur et confiteor, et entièrement leur A. B. C. D. et les commandements de Dieu ; auxquels chascuns jours, au soir, avant que les envoyer, leur faire dire leur Pater et Ave pour ledict Lefaulcheux ».

Le curé Le Faulcheux, alors qu'il n'était sans doute

(1) V. *Les Chapellenies de Mayenne avant la Révolution*. pages 23 et s.

(2) V. *Les Chapellenies de Mayenne avant la Révolution*, pp. 63 et s.

que curé de Melleray, fit ériger près de l'église de Saint-Martin une croix de pierre au carrefour de la Grande et de la Petite-Levée (actuellement rue Ambroise-Gestière et Dupont-Grandjardin), qui fut appelée la Croix-Melleray. Le bout de rue qui s'étend du carrefour à la place de l'église portait encore naguère le nom de rue de la Croix-Melleray.

Le Faulcheux fit donation à la fabrique de Saint-Martin d'une pièce de terre nommée les Deux-Journaux, située paroisse de Moulay, en présence de Jean Gouault et de Michel Richard, prêtres, aux termes d'un acte passé devant le notaire Le Moulnier, le 31 janvier 1580.

La même année, il résignait sa cure, s'en réservant la moitié des revenus et le titre de « vicaire adjuteur et pensionnaire de Saint-Martin », mais il mourait quelques mois après. Son inhumation eut lieu à Notre-Dame de Mayenne, le 18 septembre.

Pierre Huette, fils de Jean Huette, originaire de Neuilly-le-Vendin, tonsuré au Mans en 1565, sous-diacre à Saint-Tugal à Laval le 21 décembre 1566, diacre à Séez, prêtre à Angers en 1577, résignataire de Le Faulcheux, prit possession de Saint-Martin devant Ambroise Lefebvre, notaire royal à Mayenne, le 21 janvier 1580.

Pierre Chesnais, prêtre, demeurant à Sillé-le-Guillaume, qui avait résigné le prieuré-cure de Belgeard en faveur de Brice Roger, fut pourvu de la cure de Saint-Martin, le 14 août 1584, après le décès de Huette.

Il eut pour successeur Macé de Lestang, présenté le 29 juin 1584, qui prit possession le 1er août suivant, fut doyen de Javron et démissionna en 1603. Ce curé, ardent ligueur, a consigné dans les registres paroissiaux des notes intéressantes concernant les troubles de la Ligue dans notre contrée.

Il écrivait :

Lesquelz lettres [illegible] a Thoury [illegible]
[illegible] quant [illegible]
[illegible]
[illegible]
mil cinq cens quatre vingtz et huict

Marc de l'Estang

1568. — Le chasteau de Lassay fut battu en l'anée mil cinq cens soixante huict.

1577. — L'argent fut mys au rabays en l'anée mil cinq cens soixante et dix sept.

1588. — Le dix neufiesme jour de octobre mil cinq cens quatre vings et huict, fut commencée la messe de mònsieur saint Roch et en furent les auteurs chascuns de Me Macé de Lestang, curé de Saint-Martin de Maienne qui la commença à dire, Me Françoys Perrier, procureur de Monseigneur Françoys Viel, sieur de Mytemme, et Charles Marienne, sieur de la Forest.

1588. — Le vingt quatriesme jour d'octobre, furent occis et mys à mort misérablement, en la ville de Bloys, chascuns de Charles de Lorenne, archevesque de Raims, et Henry de Lorenne, duc de Guyse. Toute la France et toute la chrestienté en sçurent la mort fort cruelle et inhumaine, qui fut en l'année mil cinq cens quatre vings huict, vingt quatriesme de décembre.

1589. — Le vingt uniesme jour de may mil cinq cens quatre vingts neuf, jour de Penthecouste ou le lendemayn, fut rendue la ville d'Allençon à monseigneur du Mainne et plusieurs huguenots tués.

1589. — Le vingt cinquiesme jour de juign, fut tué monseigneur de Vireluisant en la chapelle de Lassay ; aussi fut tué monseigneur de Forges et troys souldars.

1589. — Le premier jour août mil cinq cens quatre vingts et neuf, fut tué Henry de Valloys, roi de France, le plus inhumain qui fut jamais en France, par un Cordelier nommé Jacques Clément.

1589. — Le jeudy vingt huictiesme jour de septembre mil cinq cens quatre vingts et neuf, fut rendue la ville de Sainte-Suzanne à monseigneur de Bois-Dauphin, par composition.

1589. — Le tiers jour d'octobre mil cinq cens quatre vingts et neuf, fut prise la ville du Mans par le roy.

1589.— Le vingtiesme d'octobre, vigille Saint-Thomas, mil cinq cens quatre vingts et neuf, fist son entrée à Mainne le roy de France, qui se disoyt auparavant roy de Navarre, et fut receu en grant honneur, tant du clerger que de la justice et manans de Mainne, et s'en alla à Allençon. Le jour précédent, l'on vit deux sollais au ciel en plain midy [1].

1590. — Le vingt troysiesme janvier mil cinq cens quatre vingts dix, fut tué à Mainne chés Guérin ung nommé monseigneur de Sassé, l'un des grant volleurs, paillart, menotier (sic) et aultres tiltres qui ne vallent rien.

1590. — Le neufviesme jour d'apvril mil cinq cens quatre vingts et dix, et unziesme, fut prinse et battue la ville de Mainne par monseigneur d'Estelle et avait esté prinse le jeudy de davant par monseigneur de Lansac; et fut laditte ville pillée et paroisses circonvoisines et en fut tué beaucoup tant d'une part que d'aultre.

1592.—L'an mil cinq cens quatrevingts douze, le jour des roys, le général des Angloys fut en la ville de Mainne et fist beaucoup de mal à Ambrières, Gorron, Errenée, à Fontayne-Danyel et partout où il passoit.

1592. — Le cinquiesme jour de febvrier mil cinq cens quatre-vingts et douze, fut à Mainne le prince de Conty, alloit à la messe et estoit à l'entour de luy la plupart des volleurs, lesquels ont faict beaucoup de mal en la ville de Mainne et à l'entour d'icelle.

1592. — Le vingtiesme jour de mars dudict an mil cinq cens quatre vingts et douze, les religieux de Fontayne-Danyel commencèrent à faire leur service en la chapelle du Saint-Esprit [2], par ce qu'ils avoient esté mys dehors par les Angloys, lesquels firent beaucoup de mal à l'abbaye de Fontayne-Danyel et paroisses circonvoi-

(1) V. *Souvenirs du Vieux-Mayenne*, p. 471.

(2) Chapelle de l'*Hôtel-Dieu, dit du Saint-Esprit*, à Mayenne.

sines ; lesquels religieux s'en retournèrent à leur abaye le dix huictiesme jour d'avril audict an.

1592.—Le vingt septiesme jour de mars, jour du vendredy saint, mil cinq cens quatre vingt douze, fut baptisé Macé Gesbert, fils de Pierre Gesbert et de Michelle Hellot, sa femme, demeurant au Perron, paroisse d'Oysseau, lesquels avoient laissé leur parroisse pour la crainte des Angloys, qui estoient leurs voisins. Sont ses parains maistre Macé de Lestang, curé de Saint-Martin et aumosnier de Mainne, Francoys Cosnard, sieur de la Boulletière, sa marenne Magdelaine Portier.

1592.— Le semmedy vingt-troisiesme jour de may mil mil cinq cens quatre vingts et douze fut, devant Cran, tué plusieurs angloys, francoys et normans par monseigneur de Boys-Dauphin et fut pris tout le baigage, qui valloit beaucoup, tant en artillerye, boulléz et aultres biens ; prisonniers monseigneur de l'Estelle, Rochepot et plusieurs aultres.

1592. — Le jeudy quatriesme jour de juin fut assiégée la ville de Mainne par le marquis de Belle-Ille et, le dimanche ensuyvant, fut rendue par composition à monseigneur de Boys-Dauphin ; et fut faict un grand pillage à ladicte ville et fors bourgs ; et les jours passés, la ville de Laval avoit esté rendue aussy par composition audict sieur de Boys-Dauphin.

1592. — Le mercredy quart jour d'aoust ensuyvant, fut battu le chasteau de Mainne, du champ des Vallées, et battoient une tour du grant chasteau, vers le pré de Mainne, que fut une batterye en vain.

1592. — Le vingt neufviesme jour de juillet mil cinq cens quatre vingts douze fut assiégée la ville de Mainne par monseigneur le mareschal Daumont, monseigneur le prince de Conty, monseigneur de Lavardin, lieutenant du roy au conté du Mainne, monseigneur le marquis de Villaine le gouverneur de Bloys, lesquels avoient trois piesses longues, sans les coulleuvrines, et estoient en nombre environ cinq mille hommes de guerre, sans leurs serviteurs de bagaiges, lesquels ont ruyné, emporté tous les meubles tant des esglises de Nostre-Dame de Mainne que de Sainct-Martin, que des paroisses voisines. Macé de Lestang perdit beaucoup, tant en l'église que au presbyteure. Et se rendirent ceulx de dedans le quinziesme aoust jour de l'Assomption Nostre-Dame, leurs bagues sauves, lesquels se retirèrent partye à Laval et aultres lieus, près Mainne.

1592. — Le vendredy quatorziesme jour dudict moys d'aoust oudict an, vigille de l'Assomption Nostre-Dame, fut battu le petit chasteau, du presbyteure de Saint-Martin, que pour lors estoit curé Me Macé de Lestang.

1594. — Le chasteau et ville de Domfront fut battue l'anée mil cinq cens quatre vingts quatorze.

Le dimanche vingt deuxiesme jour du moys de may et mardi ensuyvant il gella tellement que la plus part des vignes en le pays furent perdues et partye des pommes et poys de mer [1]; et les bleds furent perdus.

1594. — Le neufviesme de septembre mil cinq cens quatre vingts et quatorze, arrest de la Court de Parlement par lequel il est mandé à tous curés et vicaires de ne mectre, en faisant un baptême, que un parain et une marenne au plus. Donné ledict arrest et jussion le 27 d'aoust 1594.

1595. — Le seziesme jour de septembre mil cinq cens quatre vings et quinze, révérend père en Dieu, Claude, évesque du Mans, a faict son entrée en la ville de Maienne; il fut receu en grant triomphe des gens d'église, là où assistèrent treze curés avec leurs chapes. Le maistre d'escolle fist une harangue; monsieur le juge accompaigné de messieurs de la justice fist une betle

(1) Poys de mer (pois de mai), nom donné à Mayenne, aux haricots qu'on sème au mois de mai.

harangue, à la Magdelaine, tant en latin, grec que françoys. Les enfans de la ville, tous escoliers, firent leurs harangues à la porte du pont, tant en latin, grec que françoys. Et fut fait un chaufault, bien paré, pour mectre lesdicts enfans. Et fut troys jours demy audict Mainne, puys alllit tenir ès ordres à Laval. Et fut recouverte l'église de Saint-Martin, et estoit, pour lors, procureur, Vincent Sachel.

1603. — Le XVIe mars mil six cens troys, fut enterré, au cimetière Saint-Anthoyne, honorable homme maistre Jacques Labitte, juge de Mainne, regretté de tout le monde.

Macé de Lestang n'oublie pas de mentionner dans ses registres les dons qu'il fait à l'église. Il souhaite que la postérité le sache. Rendons-nous à ses désirs.

« En l'anée mil cinq cens quatre vingts quatorze, Me Macé de Lestang, prebtre, curé de Saint-Martin de Mainne et aumosnier dudit Mainne, a donné une père d'ornemens de damars rouge pour servir à l'église dudic Saint-Martin, avec un drapt mortuaire. Fait l'an que dessus. *Signé :* Macé de Lestang.

« En l'anée mil cinq cens quatre vingts et seze, ledict de Lestang a donné une père d'ornemens blancs pour servir en l'église dudict Saint-Martin. *Signé :* Macé de Lestang.

« En l'anée mil cinq cens quatre vingts dix neuf, ledict Macé de Lestang a donné à ladicte église une bannière de damars rouge pour servir aux bonnes festes. *Signé :* Macé de Lestang.

« Le premier jour de juin mil six cens, ledict Macé de Lestang a donné une custode pour servir au sacre. *Signé :* Macé de Lestang.

Le « par cy-devant curé du forbourg Monsienr Saint-Martin » figura dans l'assemblée des habitants de Mayenne qui délibérèrent, le 16 août 1606, sur le projet d'établissement d'un couvent de Capucins à Mayenne.

Par son testament devant Rouzière, notaire royal, du 18 août 1603, de Lestang légua 1^{ent} : 2₶ à la cure et 2 ₶ à la fabrique, à prendre sur le revenu de la Vallée-Bélier, à Mayenne ; 2^{ent} « 15₶, pour estre converties et employées en une croix de cuivre qui demeurerait pour servir à l'église dudict Saint-Martin ».

Le testateur ne fut pas exempt, comme on l'a vu, d'une certaine vanité posthume. « Il donne et ordonne qu'il soit payé sur son bien la somme de cent livres pour estre convertie et emploiée en l'achapt d'un drap mortuaire de velours noir, la croix de setin ou damas blanc, le plus riche, à l'advis de ses exécuteurs. Et aux quatre coings dudict drap mortuaire, (sera mis) un escusson, garni de lettres portant en escript le nom de Macé de Lestang et un calice au milieu de chascun escusson ».

Du 26 juin 1603, date de la démission de Macé de Lestang, au 21 mai 1605 les registres des actes de l'état religieux des paroissiens étaient signés seulement par le vicaire Gougeon.

A Macé de Lestang succèda Marin Gesbert, ancien acolyte en l'église de Saint-Vénérand de Laval, fils de Michel Gesbert, originaire d'Oisseau, présenté le 22 août 1603, qui prend possession le 25 du même mois. Il démissionna en faveur de son frère, Jean Gesbert, qui prit possession par son mandataire, Pierre Cousin, prêtre à à Mayenne, en présence de Jean Bellot, prêtre, Jean Dubois, sieur de Boyère, et autres, ainsi qu'il appert d'un procès-verbal de Gervais Roullas, notaire royal du Mans et du Bourgnouvel, le 22 mai 1605. Jean Gesbert ne fut ordonné prêtre, à Avranches, qu'en 1606. Il mourut le 5 mai 1615.

Un bachelier en droit canon tente alors inutilement de se faire présenter pour la cure de St-Martin, par

Funel, chanoine du Mans, prieur de Fontaine-Géhard, curé-primitif de Saint-Martin.

Le 12 mai de la même année, Pierre Morin, de Soulgé-le-Gannelon, fait acte de possession devant Julien Froger, notaire apostolique et royal à Mayenne, en présence de Jean Dubois, sieur de Béron, prêtre, et de Pierre Barbe, notaire royal à Saint-Martin de Mayenne. Il assista, le 24 juillet 1623, à l'assemblée des habitants de Mayenne qui acceptèrent les projets de René Pitard, lieutenant général du duché, concernant la fondation du couvent du Calvaire de notre ville [1].

Luc Chauvin, résignataire de Pierre Morin, obtint en 1629, sur un bref de Rome, la collation de la cure de Saint-Martin. Il faisait partie des membres de l'assemblée des habitants qui consentirent, le 13 juin 1658, au transfert à la Madeleine, faubourg Saint-Martin de Mayenne, de la petite communauté que René de Bellay, comte de la Feuillée, avait établie en faveur de ses sœurs au quartier des Buttes.

Il se servit, le 14 mai 1633, pour la première fois, au chœur, du bréviaire réformé de Charles de Beaumanoir, évêque du Mans, et commença, le 21 septembre 1636, à minuit, « les quarante heures pour le roi, qui finirent le dimanche suivant, à quatre heures du soir ».

Le 16 février 1663, Antoine Gestière, pourvu en Cour de Rome, prit possession de la cure, aux termes d'un procès-verbal de Nicolas Le Maître, notaire royal à Mayenne, en présence de :

Pierre Morin, curé de la Bazoge-Montpinçon.

Jean Letourneux, curé d'Hardanges.

Julien Cherbonnier.

Jean Amiard.

Jean Doiteau.

(1) V. *Souvenirs du Vieux-Mayenne*, p. 48.

André Gautier.

Jean Legodais.

Tous prêtres.

Pierre Lépineau, sieur de la Rue, avocat.

Ambroise Lépineau, sieur de la Houssaye, avocat.

Mathurin Barbeu, sieur de la Chevalerie.

François Saiget, sieur de la Croix.

Guillaume Lelouable.

Jean Couppard, procureur-syndic des habitants de Saint-Martin.

Jean Guyard, sieur de la Fosse « procureur fabrical de la paroisse ».

Pierre Letourneux, sieur de la Noë.

René Barbeu, sieur du Boulay, avocat.

Jean Tanquerel.

Michel Barbeu, sieur de la Couperie, avocat.

Antoine Rondeau.

Jacques Perrier.

Julien Goussault, sieur de la Pitardière.

Guillaume du Tertre, sieur du Pré.

Pierre Lépineau, sieur de la Rogardière.

Pierre Garnier.

Frédéric Jardin, sieur de la Fontaine.

François Le Bouvier, sieur du Hameau.

Etienne Leroi.

Pierre Morin, organiste.

Tous paroissiens de Saint-Martin de Mayenne.

Jacques Morin, bachelier en théologie, demeurant au Mans, résignataire d'Antoine Gestière, prend possession de la cure de Saint-Martin « in suburbio oppidi meduanensis » le 9 septembre 1691, devant Pierre Ménage et René Esnault, notaires royaux à Mayenne. Il était représenté par Jean Chailloux, prêtre habitué de Notre-Dame, son mandataire. Son décès eut lieu en 1734.

Monsieur et Cher Confrere

J'arrive dans le Moment d'un voyage, j'ay été trois semaines absent ; j'ay apris que nos difficultez étoint finies par une Sentence qui me deboutte et Condamne aux depens ; si vous en savez le Montant je vous prie de Me le faire savoir j'iray vous les payer dans l'instant. Nous avons plaidé en Chretiens, j'espere que vous me Continuerez votre amitié j'y Correspondrai toujours, j'ay l'honneur d'être

Monsieur

Mayenne le 9e juillet 1755

Votre tres humble et tres obeissant serviteur Barbeu Dubourg Curé de St Martin D. S. Javron

Lors de sa démission en faveur de Morin, Gestière s'était réservé 200# de pension.

Pierre-Guillaume de la Vieuxville, évêque de Bayeux, prieur commandataire du prieuré de Notre-Dame de Fontaine-Géhard, agissant comme curé-primitif de Saint-Martin, présenta pour cette cure François-René Barbeu du Bourg, maître ès-arts, le 22 mars 1734. Le nouveau curé se mit en possession le 3 avril suivant, devant Joseph Gourdier, notaire royal et apostolique à Mayenne, en présence de Pierre Lambleux, avocat, et de Julien Cousin, sieur de la Reinière. Il devint doyen rural de Javron.

« La ville de Mayenne, a écrit Dom Piolin, (1) était alors très divisée par suite du jansénisme, qui s'y était implanté de bonne heure. En 1735, du Bourg, curé de Saint-Martin, fit venir quinze Eudistes pour y prêcher une mission qui devait durer depuis le premier dimanche d'octobre jusqu'au 13 novembre ; mais ces quinze missionnaires ne suffirent pas pour entendre toutes les confessions et ils appelèrent plusieurs ecclésiastiques du pays pour les seconder. Bouessay, curé de Notre-Dame, janséniste des plus ardents, et son petit troupeau firent tous leurs efforts pour traverser les succès des missionnaires. Irrité de ce qui avait été dit contre les miracles attribués au diacre Pâris et contre le livre de la « Fréquente Communion », Bouessay monta en chaire et fit une vive sortie contre les Eudistes et les prêtres orthodoxes qui leur avaient prêté leur concours. Du reste, le clergé de la ville était en général fermement attaché à la foi. Ceux que leur zèle, leurs talents ou leur position mirent le plus en évidence furent le curé de Saint-Martin, du Bourg ; Germain, son vicaire ; le gardien des capucins et tous les religieux ; Chabrun, principal du Collège, qui étendait son influence dans tout le pays, en sorte que

(1) V. *Histoire de l'Eglise du Mans*, par dom Piolin, tome VI, p. 467.

les jansénistes lui donnèrent le nom de « pasteur universel ». Ce pieux ecclésiastique avait entièrement renouvelé tout l'établissement qu'il dirigeait et qu'il avait trouvé livré à l'hérésie. Au diacre Anjubault de sinistre mémoire avait succédé dans ce Collège Michel Davoine (1), qui suivait les mêmes erreurs. Il avait du crédit dans la ville et formé son appel de la bulle « Unigenitus » en commun avec les Bénédictins d'Evron, desquels il avait reçu un bénéfice. Du reste, il était fort charitable pour les membres de la secte, et il avait offert un asile à grand nombre d'entre eux. Tous les appelants de Mayenne, qui formaient une sorte de petite église, s'étaient groupés autour de Bouessay qui les dirigeait. De ce nombre étaient Michel Davoines, dont on vient de parler, Pierre Hardy de la Fosse (2), René Coulon (3), Girard et Marc Masson, prêtres de la ville; La Grange (4) curé de Gorron, qui fut renfermé au Séminaire du Mans durant quelque temps, par lettre de cachet, pour mauvaises mœurs; enfin Jean-Baptiste Guyard de la Fosse (5), prêtre à Mayenne, qui tenait

(1) Michel Davoines, prêtre, fils de Michel Davoines, notaire royal, et de Renée Lemoine. Son père lui constitua, pour titre sacerdotal, une maison située à Mayenne, au Grand-Carrefour, « sur la rue qui conduisait aux Capucins », et la closerie de Vauloré, en Javron. (V. Acte devant Ménage, notaire à Mayenne, du 5 juin 1686).

(2) Hardy, prêtre, fils ou neveu de Henri Hardy, sieur de la Fosse, marchand tanneur, et de Renée Brindeau, demeurant à Rouillon, paroisse de Ceaucé.

(3) Coulon (René), prêtre, vicaire de Notre-Dame de Mayenne, frère de : 1° François Coulon des Rochers, marchand de draps de soie, époux de Marguerite-Françoise Manguin; 2° Jeanne C., épouse de Noël Chevrie, marchand; 3° Françoise C., mariée à François Loizillier, marchand; 4° Marie-Madeleine C. Les époux Coulon-Manguin eurent huit enfants, François-Michel-Jean C., prêtre; Jacques-René C., négociant, époux de Françoise Benoiste; René C.; Françoise-Renée-Jeanne C., mariée à Joseph-Antoine Lebreton, négociant à Laval; Charlotte-Désirée C., épouse de René-Benoit Lesayeux, négociant à Laval; Marie C.; Jeanne C. et Louise C.

(4) Jean-Jacques Galesne, sieur de la Grange.

(5) Jean-Baptiste Guyard de la Fosse, historien mayennais, fils de Jean-

beaucoup à passer pour le plus bel esprit de la ville ».

La doctrine de Barbeu du Bourg inspirait une telle confiance que lui et son vicaire Germain furent pendant un temps les seuls autorisés par de Froullay, évêque du Mans, à assister,. à leur lit de mort, les Calvairiennes qui avaient été livrées à l'hérésie. Devenu infirme, il résigna sa cure en faveur de François-Augustin Lair de la Motte, maître ès-arts de l'Université de Paris, habitant Jublains, fils de Michel Lair de la Motte, marchand cirier, et de Renée-Louise Barbeu du Bourg.

Barbeu se réservait une pension viagère de 300#.

La réserve de pensions de la part des curés était permise lorsqu'ils abandonnaient leurs fonctions pour cause d'infirmité notable ou après vingt ans de service. Cette pension ne pouvait excéder le tiers du revenu [1].

Lair prit possession de Saint-Martin, le 14 août 1759, devant Joseph Gourdier, notaire apostolique, en présence de Jean Germain, aumônier de l'Hôtel-Dieu, et de Davoust, libraire. Il fut inhumé le 24 juin 1767.

Pierre Carré, né en 1729, prêtre du diocèse du Mans, maître ès-arts de l'Université d'Angers, vicaire de Notre-Dame de Mayenne, pourvu de la cure de Saint-Martin, sur la présentation du curé-primitif Pierre-Philippe Brun de Maizière, prieur commandataire de Fontaine-Géhard, prend possession, 10 juillet 1767, devant Pierre Leray, notaire royal etapostolique à Mayenne, en présence de Daniel Bouessay, curé de Notre-Dame de Mayenne, François-René Morin de la Pitardière, vicaire

Baptiste Guyard de la Fosse, notaire, et de Marguerite Lemasson, baptisé à Notre-Dame de Mayenne, le 2 avril 1677, décédé le 25 janvier 1748. C'est à tort que, dans notre ouvrage « Le Couvent des Capucins de Mayenne », page 120, nous lui avons attribué l'Oraison funèbre que l'abbé Philippe-René Guyard, principal du Collège de Mayenne, prononça le 8 juillet 1773, sur le P. Aimé de Lamballe, général de l'Ordre des Capucins.

(1) V. Acte devant « les Conseillers du roi, notaires, gardes-notes et notaires apostoliques à Besançon, du 1er juillet 1767 ».

de Saint-Martin, Jean Germain, Louis Bourgoin, Michel Brault, Ambroise Gougé, René-François Barbeu du Boulay, François-Jean Hay, François Riou, tous prêtres, François Rondeau, diacre, Charles-François Cochon, sous-diacre, Arnoult-André Davoynes, clerc tonsuré ; Garnier, curé de Dehaut, près de la Ferté-Bernard ; Marin Cheminant, vicaire de Moulay, Michel Durand, procureur de fabrique, Jean Fougerolles, Louis-Jean Tripier et Louis-René Le Febvre de Cheverus.

Carré abandonna la cure Saint-Martin en 1779. Le 3 décembre 1788, il signa la pétition qui tendait au rétablissement des États provinciaux du Maine.

René-Jean Carré, maître ès-arts de l'Université d'Angers, vicaire de Saint-Martin de Mayenne, ancien vicaire de Poulay, fils de René Carré, marchand, et de Renée Laigneau, succéda dans la cure de Saint-Martin à son cousin Pierre Carré, démissionnaire en sa faveur par acte devant Leray, notaire à Mayenne, du 20 mai 1779. Le pape lui accorda des provisions, à Sainte-Marie Majeure, le 7 des calendes d'août, la cinquième année de son pontificat. Carré fit acte de possession par acte devant ledit notaire, du 2 janvier 1780.

Nous le trouvons à l'assemblée des trois ordres de la province du Maine qui se tint au Mans le 16 mars 1789. Il représenta Barbotte, curé d'Aron, et Jouin, curé de Saint-Ouen-des-Oies (aujourd'hui Saint-Ouen-des-Vallons).

Pendant la Révolution, Carré prêta serment à la Constitution civile du clergé, sans restriction, entraîna d'autres prêtres à suivre son exemple, fut un adepte des idées de l'époque, devint membre du Club, adjoint au maire de Mayenne en 1800. Il conserva ces dernières fonctions jusqu'en 1814. On assure que Mgr de Cheverus, cardinal de Bordeaux, le convertit, lors d'un voyage qu'il fit à Mayenne en 1828. Il mourut en 1832.

L'Église de Saint-Martin eut comme procureur de fabrique :

1455. — Chevalier (Michel).

1496. — Meraud (Gilles).

1531. — Houp (Clément).

..... — De la Baremacé (François).

1547. — Ronné (Jean).

1563. — Belué (Guillaume).

1567. — Martin (Julien).

1572. — Martin (Jacques).

1579. — Dubois (Richard), bâtonnier du Saint-Sacrement.

1582. — Fourré (Jean), marchand.

1595. — Sachel (Vincent).

1601. — Morice (Michel).

1603. — Moche (Jean).

1606. — Gasté (Macé), sieur de Mareste.

1615. — Piette (Charles), sieur de la Varie.

1621. — Letourneux (Jean), prêtre.

1623. — Triguel (René), prêtre.

1627. — Marienne (Simon), sieur de la Forêt.

1659. — Saiget (François), sieur de la Croix.

1662. — Guyard (Jean), sieur de la Fosse.

1672. — Lepineau (Amboise), sieur de la Houssaye, conseiller à la Barre ducale.

1692. — Etigneux (Michel), prêtre.

1693. — Piron (Pierre), sieur de Launay.

1697. — Picard (René), sieur de la Vallée.

1700. — Morin (Jean), sieur des Besneries.

1702. — Renault (François), marchand.

1704. — Lambleux (François), procureur en Election.

1710. — Mesnage (Julien), marchand de toiles.

1713. — Gestière (François), avocat.

1721. — Jarry (René), sieur des Loges.

1723. — Richard (François), marchand.

1725. — Nocher (Marin), aîné, marchand.

1727. — Morin (Ambroise), négociant.

1728. — Le Bouvier du Hameau (Pierre-François).

1730. — Barbeu du Boulay, juge civil et criminel de Fontaine-Daniel.

1733. — Lambleux (Michel), sieur de la Rouërie, avocat.

1737. — Gaultier (Mathurin), marchand.

1741. — Cheminant (Marin).

.... — Salin (Etienne).

1744. — Letard (René), marchand.

1747. — Cherbonnel (Nicolas), sieur de Chevray.

1748, — Thézé (René), ancien notaire.

1749. — Besognard (Jean-François), sieur de la Plante.

1752. — Duhail (François), marchand.

1755. — Morice (René), sieur de la Faburais.

1758. — Despoulains (Pierre), sieur du Bois, maître de poste.

1764. — Durand (Michel), marchand.

1771. — Goyet (Jacques), sieur de la Godardière.

1774. — Turbet (Ambroise).

1778. — Rousseau (Benoît).

1780. — Benoiste (Joseph), sieur du Perray.

1781. — Lambleux (Michel-Pierre), avocat.

1783. — Richard (René), sieur de la Martinais, négociant.

1784. — Morice (René), sieur de la Faburais.

1785. — Bissy (Jacques-Augustin), bourgeois.

1787. — Lair.

1793. — Morice (Marin), directeur des Messageries.

CHAPITRE II

Les cimetières de Saint-Martin. — L'intérieur de l'église. — Vieux inventaires, vieux comptes du procureur de la fabrique. — Le Noel au Rossignolet. — La tenue des registres de l'Etat religieux des paroissiens. — Une note de frais de sépulture. — Les cloches. — La légende de la recluse.

Il y eut jadis trois cimetières dans la paroisse de Saint-Martin.

Il existait autour de l'église un cimetière avec une croix de bois, mais, dès la fin du xvie siècle les inhumations y étaient rares. On le nommait le cimetière des innocents; en dernier lieu on n'y enterrait que les enfants morts sans baptême et les suicidés. Il était clos de murs, formait terre-plain au-dessus de la rue. Les fidèles y accédaient par deux échaliers, l'un du côté de la Croix-Melleray, l'autre en face la rue de l'église avec portail à claire-voie ouvrant sous un porche voûté et ouvert latéralement qui se continuait jusqu'à la grande porte, surmontée d'un groupe en terre cuite représentant saint Martin à cheval coupant son manteau pour en donner la moitié à un pauvre. Le cimetière n'avait pas, écrivait-on, plus de cinq pieds de largeur entre le pignon de la chapelle saint Roch et la rue de la Croix-Melleray. On enleva cette bande de terre pour élargir la voie publique. Lors de sa visite du 2 avril 1705, le doyen de Javron ordonna que les ossements qui restaient dans la partie déblayée seraient transportés dans un des autres cimetières de la paroisse.

Un second cimetière, sur lequel nous manquons de renseignements était situé à l'est de la rue aux Morts (rue Barbeu-Dubourg), entre la rue Saint-Martin et la rue de la Petite-Levée. Des ossements ont été retirés du sol à cet endroit, à différentes époques. Serait-ce ce cimetière, « près l'église », qu'on bénit « de nouveau » en 1638? Le nom de rue aux Morts fut donné également à la rue qui conduisait au cimetière de la Madeleine dont il va être parlé et qui longeait l'avenue de la Gare.

Le troisième cimetière, que posséda la paroisse de Saint-Martin et qui a servi aux inhumations jusqu'en 1832, était contigu à l'enclos de l'ancien couvent de la Madeleine; il occupait partie du sol de la voie ferrée de Caen à Laval, le jardin de la gare et même une portion de la rue Colbert. Un escalier de plusieurs marches permettait de monter au cimetière dont le niveau était supérieur à celui de la rue [1].

Entrons dans l'église.

En 1578, « la chapelle de Monsieur saint Julien estant dans ladicte église fut réédifiée ».

Les chapelles du côté-sud sont construites au commencement du XVIIIe siècle, et l'on dispose pour ces travaux de fonds provenant de quelques fondations. Michel Laurent, sieur de Launay, avait légué un ordinaire de messes à Saint-Martin. Le capital de cette fondation servit à cet usage et l'on chargea la fabrique d'assurer le service des messes.

Catherine-Charlotte Juhier des Fosses, veuve de Louis-François de Morel-d'Aubigny, avait légué, par son testament du 27 août 1703, somme suffisante pour faire bâtir une seconde chapelle du côté-nord de l'église. Ce legs fut exécuté par son neveu le vicomte de Neufvillette. On dédia la chapelle à la Vierge.

Au milieu du XVIIe siècle le vieil autel du chœur,

(1) V. *La Madeleine à Mayenne*, pp. 38, 42, 43.

PORTAIL DE L'EGLISE DE SAINT-MARTIN

encastré dans le rétable, fut remplacé par un autre en tuffeau dont François Houdault, architecte, donna le dessin ; il coûta 1.600#. On fit sculpter à Paris le tabernacle, qui revint avec le port à 246# 10s. Cet autel était dominé par un grand tableau, un tryptique sans doute, représentant une descente de croix peinte par Dufresne le Postel. L'artiste reçut 80# pour son travail. Un pavillon couvrait l'autel ou, comme l'on disait « une carie et courtine suspendue par des cordes ».

On voyait, au sommet du rétable un Père éternel, de chaque côté de l'autel les statues de saint Martin, patron de la paroisse, et de saint Julien, évêque du Mans; des anges et des chérubins complétaient l'ornementation.

Sous la table du maître-autel actuel se trouve une pierre en tuffeau sur laquelle on a gravé en lettres romaines cette inscription : « Discret Mesi Anthoine Gestière, pbrestre, curé de séans, ma pozée le 25 feuverier 1666 ».

Soixante ans après (1724) l'autel est repeint par Julien Mignot, sous la direction de Guy Fourneau, vicaire de la paroisse, « les pilastres des rétables en marbre jaspé, les vêtements et la carnation des personnages en couleurs vives ». Quelques dorures rehaussaient encore l'éclat des vêtements des saints. On profita de la circonstance pour faire marbrer la chaire.

Les anges adorateurs du rétable étaient ornés de dentelles aux bonnes fêtes. En 1693, le procureur de la fabrique écrit : « Payé à demoiselle Roussillon 40s pour les ornements des petits anges du maître-autel, par ordre de M. le Curé ». Les ecclésiastiques tenaient beaucoup à ces fanfreluches.

Un autel en marbre remplaçe celui de tuffeau en 1771.

L'église possède un jubé et des orgues.

Mais revenons en 1666.

Le chœur est clos par une grille ; sa porte d'entrée, en

face la nef, est surmontée d'entrelacs en fer dont l'exécution est confiée à Fleuriais, serrurier à Mayenne.

L'aigle doré du lutrin repose sur un socle en marbre.

Le pourtour du chœur est orné des tableaux du Sacré-Cœur, de la Salutation angélique. On y voit aussi un saint Martin à cheval et une sainte Véronique. Aux solennités, l'entrée de ce déambulatoire est agrémentée de draperies en calmande rouge et noire.

Des boucles sont ajoûtées à la croix argentée du grand autel pour qu'on puisse y passer des bouquets. Au-dessous du crucifix de la nef, sur la corniche on place des pots de fleurs.

Des devants d'autel sont décorés « de rubans de soie incarnadine, de passements de soie, de maillons incarnat, blanc et noir » ; l'un d'eux est orné de dentelles « point de Paris ».

Les chasubles, tuniques, chapes, ont des garnitures de guipures blanches, de rubans rouges incarnat.

Ces ornements criards manquent de goût mais ils plaisent. Ils donnent de l'éclat aux cérémonies. Les fausses fleurs sont fort employées dans la décoration. On les nomme « des bouquets d'hiver » (1694).

L'Eglise a aussi des objets de valeur. Elle met un grand prix dans les ornements sacerdotaux, les calices, ciboires, soleils. Dès 1669, elle dépense 81$^{\#}$ 13^{s} pour un plateau et deux orseuls en argent « poinct de Paris ». Quelques tapisseries ornent les murs.

Près de l'autel du Saint-Nom de Jésus on voit un tableau représentant sainte Geneviève.

Les processions de la Fête-Dieu sont faites avec tout le luxe possible. Il n'y figure pas moins de vingt prêtres en aube et vêtus de chappes et autres ornements. Saint-Martin conserve l'usage d'habiller quantité d'enfants en anges ailés, porteurs de couronnes, ce qui ajoute la grâce à la majesté du cortège. Ils font l'enchantement des spectateurs. Le bedeau revêt une robe rouge avec une image de saint Martin dans le dos. Les enfants de chœur ont des soutanes en finette rouge et noire et sont coiffés de bonnets carrés.

Un autel de Notre-Dame existait de vieille date à Saint-Martin. En 1544, il était affermé cent sous par an. Quels en étaient les revenus? Des rentes pouvaient y être attachées. L'adjudicataire percevait peut-être un droit lorsqu'on y disait la messe.

En 1607, on dépense 22# « pour la robe de damas de devant l'image Notre-Dame, et pour soie et bougrain ». De plus il fut acheté quatre aunes de passementerie pour garnir la robe. La façon de celle-ci fut confiée à un tailleur.

Des offrandes en nature étaient faites à la Vierge. On y voyait « des ruches mortes, de la cire, des coins de beurre frais, du beurre en pot, des pommes, de la filasse, de la poupée, des citrouilles, etc. ». En 1603, le produit des quenouillées [1] offertes à la Vierge fut de 25#.

Par ces quelques détails, on a pu voir que l'église de Saint-Martin était loin d'être riche. Son luxe n'est guère fait que de clinquant. Au XVIe et au XVIIe siècle, elle était presque pauvre. On pourra en juger par la lecture des deux inventaires qui suivent :

Inventaire de 1543 ;

Le quatriesme jour de décembre l'an mil cinq cens quarante troys fut fait inventayre des ornemens estantz et apartenen à l'église et fabricque de Sainct Martin de Maienne par chascuns de honneste homme Macé Gasté et Jehan Dubois, procureurs, et iceulx baillés à régir et gouverner à messire Jehan Méant et messire Symon Trahay, segrétains, pour en rendre compte touteffois qu'il plaira ausdicts procureurs ou paroissiens.

(1) On nommait « quenouillée » l'ensemble des objets donnés à la Vierge.

Et premier, y a en ladicte église une croix d'argent à pommelle dorée en plusieurs lieux, garnye d'estuy (1).

Item. — Une aultre petite croix de cuivre à pommelle, telle quelle.

Item. — Ung estuy d'argent à mextre *corpus domini*, le jour et feste du sacre.

Item. — Ung aultre estuy d'argent pour porter *corpus domini*, par paroisse.

Item. — Ung calice d'argent garny d'estuy, pour servir ordinairement en ladicte église, que tient messire Jehan Biberon, vicaire de ladicte église, duquel ne sont chargés lesdicts segrétains.

Item. — Ung aultre calice d'argent doré garny d'estuy, que tient Monsieur le doyen de Maienne, curé dudict Sainct Martin, duquel pareillement ne sont chargés lesdicts segrétains.

Item. — Quatre chandeliers de cuivre, ung benoistier de fonte, et deux eschelettes (2), et deux orseux (3) d'estain.

Item. — Une chappe, deux daumaires (4) et une chasuble, le tout de damars rouge figuré, garnye ladicte chasuble d'estolle et fanon (5).

Item. — Une chasuble, estolle et fanon, avec deux daumaires pour servir pour les trépassés, estant de ostade (6) noire.

Item. — Une chasuble de camelot tenné et une aultre donnée par les parens deffunct messire Michel Potier, avec cinq aultres chasubles telles quelles.

Item. — Troys paremens d'autel, l'ung d'iceulx estant

(1) Il s'agit sans doute d'une croix qui fut faite à Laval en 1540. « On donna en échange, pour partie, la vieille qui pesait onze marcs d'argent ».

(2) Sonnette, clochette, du bas-latin Skella, italien Squilla.

(3) Orcellum, bénitier dans lequel on met l'aspergès.

(4) Dalmatiques.

(5) Manipule.

(6) Sorte de brocatelle de laine et de poil, espèce de serge.

de sargettes fait de rouge et vert, l'aultre estant fait de une piecze fauten, faczon de damars, pareillement de layne et de plussieurs coulleurs, et le tiers estant de toille ovrée de coulleur de jaulne et vert.

Item. — Deux draps mortuaires l'un d'iceulx estant de toille noire et l'aultre de soye tennée.

Item. — Deux messels, ung manuel, ung saultier, ung graduaire et ung sanctualle [1].

Item. — Une bannière de toille donnée par monseigneur de la Fontaine.

Item. — En linge, cinquante quatre toilles desquelles y en a troys neufves non beneistes.

Item. — Neuf serviettes, trois longères [2] avec douze amytz et cinq aubes.

Item. — Deux surpelix que tiennent les deux vicaires.

Item. — Un viel linge, quatre couvertures d'imaige, quatre vieulx amytz, huit veilles serviettes, sèze veilles touailles [3], six veilles aubes et quatre aultres serviettes.

Item. — A la boueste, sèze pieczes de fil escru.

Inventaire de 1606 :

Premier. — Une croix argentée, le crucifix d'argent, avec son enpatement de cuivre.

Item. — Une custode d'argent, garnie de deux voirines [4], pour servir au jour du Saint-Sacrement.

Item. — Un ensensouëz.

Item. — Deux petits violliers [5] d'estaing, servant à fleurir à l'autel, jouxste [6] l'image Nostre-Dame.

Item. — Une paire d'ornements garniz de chape

(1) Sanctuale seu sanctuarium.
(2) Morceaux de linge de forme oblongue, essuie-mains.
(3) Nappes d'autel ou essuie-mains.
(4) Pierres fausses en verre.
(5) Violliers, pots à fleurs, servant originement à mettre des violettes.
(6) Auprès de.

chasuble, denx tunicques, deux estolles et troys fanons, le tout de damas rouge figuré, orfraiéz [1] de soys vert et jaulne sur coulleur changeante [2], doublés de bougrain bleu.

Item. — Une courtine de satin rouge avec une autre courtine de raiseux [3] faict à poinct d'esguille, servant sur l'image Nostre-Dame.

Item. — Une banière neufve de damas rouge figuré, en laquelle est l'image de la présentation saint Martin.

Item. — Deux draps mortuaires, l'ung d'ostade noire et la croisée de fustaine blanche doublé de bougrain noir, l'autre de toille taincte et paincte, servant ordinairement.

Item. — Un drap mortuaire de velours noir, la croisée de damas blanc, doublé de boucassin noir d'Alemaigne.

Item. — Un parement pour le grand autel, davant le sainct tabernacle, davant sainct Martin et saincte Geneveufve, contenant six aulnes de toille blanche de Laval, accomodé de franche tout autour, le tout neuf, lequel a cousté, tant en estofe que faczon, la somme de sept livres.

Item. — Deux verges de fer aposées sur la clouaison dudict grant autel, l'une du costé de l'image de saint Martin, l'autre du costé de l'image saincte Geneveufve, et une autre verge qui prent de l'une à l'autre desd. verges pour porter led. parement, contenant huict piedz de long; lesd. troys verges pesant 18 livres, apréciéez à soixante et dix souz.

Relevons quelques recettes et dépenses consignées dans un ancien registre du procureur de la fabrique.

(1) Bordés de broderie, de galons.

(2) C'est-à-dire variant de couleur suivant les différents jours sous lesquels on la regarde.

(3) Réseaux.

Dans les recettes de 1540 à 1545, nous trouvons les mentions suivantes :

Receu de Jehan Morin, menuisier, pour la vendicion de une branche de ante (pommier) estant au cimetière de la Magdelaine, la somme de 12^d tournois.

Receu de Colin 10^d tournois, qu'il donna pour le service des scelles (sièges de bois) de l'église qu'il avait prinses pour lui servir le jour de la (foire de la) Magdelaine.

Receu de Jehenne Guérine 10^d, qu'elle a donnéz pour ayder à racoustrer le grand autel dudict Saint-Martin.

Receu de Messyeur Jehan Baillet, Messyenr Jehan Le Barbé et de Messyeur Symon Trahay la somme de 15^s, qu'ils donnèrent pour ayder à réparer ledict grant autel.

Receu de Pierre Tarière, cordonnier, la somme de 3^s 4^d tournois, pour la vendicion de une vieille ante (pommier) qui est au cimetière de la Magdelaine.

Receu pour la vendicion d'une vieille huche de fousteau (hêtre), qui est en l'église Saint-Martin, la somme de 3^s tournois.

Receu, pour l'entouraige et couverture de l'église, du fils de la fille de Beauchesne, 25^s tournois.

Receu, par les mains de messyeur Baptiste Gaudinière, prebtre, 2^s 6^d, donnéz à la fabricque de Saint-Martin, à une fois payéz, par le défunct curé de Saint-Frambault-de-Prières.

En 1540, 1541, 1542, 1543, 1544, le procureur note les dépenses suivantes :

Payé pour tous les coûtz et mises faictes à cause de la faczon de la croix d'argent, tant en allées et venues de Maienne à Laval où fut faicte ladicte croix, depence et aultres coustemens, mesme pour ung estuy à meptre ladicte croix; pour ce, 37^{tt} 8^s 1^d.

Payé pour deux couplères et un hardillon à pendre les batantz des cloches dudict Sainct-Martin : pour ce, 3^s tournois.

Payé, le dimanche 16e jour de novembre l'an mil cinq cent quarante, 6 deniers tournois pour faire le pain benest audict jour, parce qu'il n'y avait aultre.

Payé pour le luminaire faict à Noël en l'an mil cinq cent quarante, pour servir en ladicte église : baillé pour ce, $4^{\#}$ tournois.

Payé pour un corporalier pour servir à ladicte église, lequel je acheté à Guibray[1] : pour ce, 11^s tournois.

Payé en l'an mil cinq cent quarante ung, en encens que j'ai acheté à Guibray pour servir à ladicte église : baillé pour ce, 9^s tournois.

Payé, oudict an, pour de la cire que je achetée à Guibray pour faire le luminaire de ladicte église oudict an : baillé pour ce, $4^{\#}$ 7^s tournois.

Payé, à Noël, oudict an, pour la facçon du luminaire de ladicte église, faict de la cire susdicte par la veufve Pierre Bellangier : baillé pour ce, 9^s 3^d.

Payé pour une chopine de vin à laver les autelx de l'église, le jeudy, absolu en l'an mil cinq cent quarante ung : baillé pour ce, 6^d tournois.

Payé le jour de Pasques qu'on commence à compter mil cinq cent quarante deux, pour le vin de la communion : baillé pour ce, 21^s tournois.

Payé pour quatre torches, tant pour les bastons, fil, que facçon, à ladicte veufve Bellangier (lesquelles furent faictes du reste de la cire escripte cy-dessus : baillé pour ce, 16^s tournois.

Payé à Jean Belot, serreurier, pour avoir mis ung batail à une eschelette et rabillé la serreure du grand coffre,

(1) Guibray, près Falaise, dont la foire était très importante et renommée.

qui est derrière le grant autel dudict Saint-Martin : baillé pour ce, 2^s 6^d.

Payé pour une visitation faicte en ladicte église, au mois de septembre 1542, par Monsieur le Doyen de Javron ou son commis : baillé pour ce, 5^s.

Payé pour ung pupitre pour servir à ladicte église, à Jehan Morin, menuisier, 15^s tournois, sans comprendre le bois duquel il fut faict, lequel j'ai acheté : pour ce, 20^s.

Payé à Guyon Aucherie, pour reculler le grant autel de Saint-Martin et pour faire la taille de pierre qui est ou davant, par le consentement de Monsieur le Doyen : baillé pour ce, 45^s tournois.

Payé audict Guyon et aulx gens qui l'ont servy tant à porter le sablon que faire le mortier par deux jours, en tout tant pour paye que despens, mesmes pour ouster le lierre de l'entour de la voulte de ladicte église, pendant que ledict Aucherie a remaczonés une huisserye qui est du cousté vers le prieuré et une fenestre de vittre qui est derrière le grant autel : baillé pour ce, 26^s tournois.

Je baillé pour remaczonner et reffaire ledict grant autel et marches de derrière, mesmes pour reffaire l'huisserye devers le Prieuré et fenestre de vittre, quatorze bouesseaulx de chaulx morte, qui en vallait sept de Vire, qui est au prix qu'elle me coustait pour lors que fut faict ledict œuvre : baillé pour ce, 23^s 4^d.

Payé à Jehan Belot, serreurier, pour deux pilastes et deux crampons de fer à tenir le tabernacle que pour deux crochets à tenir l'imaige de Nostre-Dame et pour ung support à meptre soubz le bout de l'eseul de une des croisés : baillé pour ce, 3^s tournois.

Payé pour envoyer au Mans pour faire une consultation touchant la rente deuz sur le lieu de Berron (1) à ladicte fabricque : baillé pour ce, 7^s 6^d tournois.

(1) Béron, métairie située paroisse de Notre-Dame de Mayenne.

Payé au vittrier de Laval, pour avoir mis deux lozanges à une des vitres de l'église : baillé pour ce, 20^{d} tournois.

Payé à Monsyeur le Doyen de Javron, qui a fait la visitation en l'église de Saint-Martin, tant comme doyen que pour Monsyeur l'archidiacre, le dix septiesme jour de septembre l'an mil cinq cens quarante quatre ; pour ce, 10^{s} tournois.

Payé à un chartier, pour mener demy millier de thuille depuys chiés Martinaye jusques à l'église Saint-Martin : baillé pour ce, 2^{s} tournois.

Payé à Jamet, le maczon de Maïenne, pour ung millier de clou à tête et un quarteron de clou à coyau : baillé pour ce, 7^{s} tournois.

Payé aulx couvreurs pour avoir recouvert le cousté de la neuf du bas de l'église Saint-Martin, le cousté devers le petit cimetière : baillé pour ce, 20^{s} tournois.

Payé, pour deux cordes à meptre aulx cloches poisant seze livres, au curé, tant pour chanvre que faczon : baillé pour ce, 16^{s} 4^{d} tournois.

Payé pour le luminaire de l'église à Noël, qui sont neuf cierges à servir devant l'autel Nostre-Dame et troys devant le crucifix, tant pour la cire que faczon : baillé pour ce, 32^{s}.

Nous trouvons, sur un des registres de l'église, cette réflexion d'un procureur de la Fabrique, que ne retribuaient pas assez, à son avis, l'honneur et les mérites attachés à ses fonctions :

> Allés et venez, usez votre tems ;
> A la fin vous n'aurez que vos despens.

Les archives religieuses de l'église ont été mal gardées et ne contiennent guère de renseignements. Aussi, n'avons-nous pour écrire ce petit volume que quelques documents épars, disparates, difficiles à grouper.

Le Noël au Rossignolet, que nous donnons ci-après, était-il, à l'origine, bien spécial à Mayenne. C'est douteux, car nous en avons vu une vieille copie qui ne contenait pas les noms des deux localités que nous y voyons. Il a dû y avoir adaptation.

Un jour me levai,
Par un matinet,
Que l'aube prenait
Son blanc mantelet.

Refrain :

Quittons nos brebis
L'angelet l'a dit ;
Chantons, Noël, Noël, Noël
Chantons, Noël, Noël, Noël.

Que l'aube prenait
Son blanc mantelet,
Rosé, sur Aron,
Un bon tantinet.

Quittons....

Rosé sur Aron
Un bon tantinet.
Je mis mon jacquet
Et mon haut bonnet

Quittons....

Je mis mon jacquet
Et mon haut bonnet.
Et mon court manteau
De gris violet.

Quittons....

Et mon court manteau
De gris violet
Puis je m'en allai
Trouver Colinet.

Quittons....

Puis je m'en allai
Trouver Colinet.
Qui se promenait
Dans son jardinet.

Quittons....

Qui se promenait
Dans son jardinet.
« Que faites vous là,
Gentil Colinet?

Quittons....

« Que faites vous là,
Gentil Colinet ? »
— « J'écoute, dit-il,
Le rossignolet.

Quittons....

« J'écoute, dit-il,
« Le rossignolet ;
« Jamais je n'ai ouï
« Chant si doucelet.

Quittons....

« Jamais je n'ai ouï
Chant si doucelet »
— « Ce n'est ni rossignol,
Ni autre oiselet.

Quittons....

« Ce n'est rossignol,
« Ni autre oiselet.
« Mais de l'empyrée
« Un sainct angelet.

Quittons....

« Mais de l'empyrée
« Un saint angelet.
« Qui dit, en son chant,
« Un cas nouvelet.

Quittons....

« Qui dit, en son chant,
« Un cas nouvelet:
« C'est qu'en Bethléem
« Nous est né Noëlet.

Quittons....

« C'est qu'en Bethléem
« Nous est né Noëlet
« Et que nous allions
« Voir l'enfantelet.

Quittons....

« Et que nous allions
« Voir l'enfantelet.
Je pris mon tambour
Et mon flageolet.

Quittons....

Je pris mon tambour
Et mon flageolet.
Colin sa viole
Et son archelet.

Quittons....

Colin sa viole
Et son archelet.
Les autres bergers
Vinrent au jupet.

Quittons....

Les autres bergers
Vinrent au jupet,
Des femmes aussi
Pour le menuet.

Quittons....

Des femmes aussi
Pour le menuet.
Des filles portaient
Un petit bouquet.

Quittons....

Des filles portaient
Un petit bouquet.
Dansâmes trestout
Un petit ballet.

Quittons....

Dansâmes trestout
Un petit ballet.
Il eût fallu voir
Comme tout allait.

Quittons....

Il eût fallu voir
Comme tout allait.
Le ballet fini,
Fîmes un banquet.

Quittons....

Le ballet fini,
Fîmes un banquet
Et allâmes voir
Le petit douillet.

Quittons....

Et allâmes voir
Le petit douillet,
Que sa mère couchait
En un drapelet.

Quittons....

Que sa mère couchait
En un drapelet.
Chacun présenta
Son don joliet.

Quittons....

Chacun présenta
Son don joliet.
L'un de la farine
Et l'autre du lait.

Quittons....

L'un de la farine
Et l'autre du lait.
Puis recommençâmes
Un autre ballet.

Quittons....

Puis recommençâmes
Un autre ballet.
Enfin saluâmes
Notre roitelet.

Quittons....

Enfin saluâmes
Notre roitelet.
Les uns revinrent
A leur troupelet.

Quittons....

Les uns revinrent
A leur troupelet.
Moi, je retournai
Avec Colinet.

Quittons....

Moi, je retournai
Avec Colinet.
Retrouver, à Maîne,
Ma femme Babet.

Quittons....

Retrouver, à Maîne,
Ma femme Babet.
Car la nuit prenait
Son noir mantelet.

Quittons....

Les registres des baptêmes, des mariages et des décès étaient parfois mal tenus. Nous aurions pu y relever quantité de mentions sommaires comme celles-ci :

Le vendredi, 30 janvier (1643), a été baptisé l'enfant de Martin, du Teil.

Le jeudi, 21 mai (1643), fut baptisé un enfant.

Le vendredi, 23 décembre (1644), fut baptisé un enfant.

Le même jour, fut baptisé un autre enfant.

Le jeudi, 30 novembre (1645), fut ensépulturé un des collecteurs de Désertines.

Le lundi, 22 octobre (1646), fut baptisé l'enfant du gendre de Mathurin Bouvet.

Le dimanche, 25 novembre (1646), fut baptisé un enfant du meunier des Grands-Moulins.

Il n'a pas été conservé de registres contenant des actes de baptêmes, de mariage et de décès rédigés en latin. L'usage de cette langue dans les actes et contrats et devant la justice avait cessé vers 1550.

On se plaignait amèrement des dépenses que les funérailles occasionnaient, et ce n'était pas, ce semble, sans raison. La note qui suit des frais de la sépulture de la dame de la Milcendière et de son service de septime l'indique assez. Le clergé très nombreux et pauvre ne perdait aucune occasion d'augmenter son casuel et s'imposait pour ainsi dire aux familles.

« Le dimanche, premier jour de mars mil six cent trente sept, fut ensépulturée défunte honneste femme Jeanne Dubois, dame de la Milsendière, en l'église de Saint-Martin de Mayenne.

« A cousté pour les frais de sa sépulture, se qui ensuict :

« Pour Monsieur le curé, 40 sols ; M. Morin, 10 sols; M. Bedouet, 30 sols ; M. Papoin, 10 sols ; M. Gaucher, 10 sols ; M. Bedouet, 10 sols ; M. Metivier, 16 sols ; M. Cherbonnel, 10 sols ; M. Le Cornu, 4 sols :

« Pour : Les coristes, 7 sols ; les porte-croix, 6 sols ; le bénitier, 3 sols ; le ..... 4 sols 6 deniers ; les porteurs, 12 sols ; le porte-torche, 10 sols ; le convoy, 16 sols ; le tintelleur, 5 sols ; les sonneurs, 20 sols ; la fosse, 10 sols.

« Pour avoir tendu le chœur et pour le clou, 4 sols.

« Pour la fabrice, 50 sols.

« Pour Messieurs de (Notre-Dame) de Mayenne : M. le

curé, 20 sols; M. Legras, 11 sols; M. Bouvel, 4 sols; M. Placeau, 4 sols ;M, Le Normand, 4 sols; M. Bignon, 4 sols; M. Hervé, 4 sols; M. Manceau, 4 sols; M. Gandais, 4 sols; M. Gasté, 4 sols; M. Fricault, 4 sols; M. Rousseau, 4 sols; M. Be., 4 sols; M. Chauvet, 4 sols; M. Gobbé, 4 sols; M. Besnard, 3 sols; 4 sols; M. Frangeul, 4 sols; M, Trochery, 4 sols, M. Guiller, 4 sols; M. Chabrun, 4 sols; M. Lecornu, 4 sols; M. Lefaulcheux, 4 sols; M. Guérin. 4 sols; M. de Romaigné, 4 sols; M. Routier, 4 sols; M. Brisoul, 4 sols; M. Balesguier, 4 sols ; M. Le Roy, 4 sols; M. Dubois, gratis ; M. Madré, 4 sols; les coristes, 5 sols; les porte-croix, 6 sols.

« Le dimanche, huictiesme de mars a esté faict le service de la défuncte.

« Pour M. le curé, 20 sols; M. Morin, 5 sols; M. Bedouet, 8 sols; M. Papoin. 8 sols; M. Gaucher, 8 sols; M. Bedouet, 8 sols; M. Metivier, 12 sols; M. Cherbonnel, 7 sols; M. Le Cornu, 4 sols.

« Pour le convoy, 16 sols; les coristes, 6 sols, les torches, 10 sols; les sonneurs, 12 sols.

« Pour paver la fosse, 3 sols.

« Pour Messieurs de Mayenne : M. Hervé, 3 sols; M. Gasté, 3 sols ; M. Bignon, 3 sols; M. Brisoul, 3 sols; M. Chauvet, 3 sols ; M. Gandais, 3 sols.

Il n'a été gardé que quelques notes sur les cloches de Saint-Martin.

En 1572, une cloche avait été bénite et nommée Barbe.

A la même époque, une autre cloche aurait eu pour marraines Nicole Brault et Marguerite Madré, épouse de Jacques Pitard (1)

« L'an de grâce 1692, le huictiesme jour d'avril, a été bénite la petite cloche de cette église, par nous Jacques

(1) Note de Charles Trouillard, ancien avocat à Mayenne.

Morin, prêtre, curé, suivant la commission à nous donnée par Monseigneur l'Evêque du Mans, en date du trois du courant. Discret maître Antoine Gestière, prêtre, ancien curé de ladite église, et demoiselle Françoise Saget l'ont nommée Antoinette-Françoise. Elle fut fondue dans le couvent des religieuses de la Madeleine par les soins de maistre Michel Etigneux, prêtre, lors procureur ».

« Le huictième jour d'oust mil cinq cens quatre vingt et dix neuf fut bénite par moy, Macé de Lestang, curé de Sainct-Martin de Mainne, deux cloches ; l'une d'elles fut nommée Jehenne par Jean Granier, sieur de Bas-Etre et Jehenne Perrier, fille de Me François Perrier, procureur de Monseigneur le duc de Mainne ; l'autre fut nommée Marie, qui est la petite, par Marie Aubert, dame de la Goupillière et M. P... Nepveu, prebstre. Ce que dessus faict par la dilligence de Michel Morice, procureur de fabrice, et Jehan Dubois-Boyère. Leur nom est escrit dessus et moy je paye le fondeur 40^#^ »

Les cloches de l'église de Saint-Martin étaient petites comme la plupart de celles de la campagne. Aussi, lorsque le curé janséniste Bouessay, curé de Notre-Dame, dont on connaît les difficultés avec son confrère de Saint-Martin, avait l'occasion de parler du clocher de cette paroisse, il ne manquait pas de dire gravement, car tout était grave chez lui, même les plaisanteries : « Pauvre sonnerie. Le son de ces poêlettes de Saint-Martin aura toujours du mal à franchir la rivière. » On nomme poêlette dans le pays les terrines à lait qui ont la forme d'un cône tronqué. Leur diamètre est d'ordinaire : à la base de 10 à 15 centimètres et à l'orifice de 25 à 30 centimètres.

Il y eut jadis une recluse au faubourg Saint-Martin de Mayenne. La tradition en a conservé le souvenir. Le motif de sa retraite a fait le sujet d'une légende dite de

« Mon petit doigt », qu'une vieille paysanne nous conta autrefois. Nous la donnons, mais mondée des grossièretés qui la déparaient :

Mon p'ti da sé tou ê di tou (1).

Du tan dê moin' du moutié d'Sîn-Martin de Mînn', î y avé ein' érkleuz' dan lœû vèzinéj'. An l'avé kondit' dan sa loj' pandan ein' né bin nèr' ê an n'l'avé poin vœû ; ê k'ché son vizéj' ; ê n'sé lairé miet' vâ, ê an n'savé pâ ki k' èl' té.

Mîn, mon p'ti da n' sé-t-î pâ tou.

D'aokûn lâ diîn (disaient) ein' mouâz' (mauvaise) fumèl' ki s'été minz' la por s'érpanti dé keuk' krém', d'aot' pertandîn k'èl' té jun', fini bèl' ê k' ê v'lé krusié à Yœu sa junes'. I y an avé étou ki kaozîn bin bâ de keuk' afêr' ê sanbiîn krînr' ké s' fœû seu du châtia. Por an parfini î n'savîn vantiê rin.

Mîn, mon p'ti da peu bin v'dièr tou.

E bin, sté érkleuz' la, s'été la fill' du faokounié d'Mînn' ê ê s'noumé Pâkot' ; èl' avé v'lu s'ankiôr' lé mînm' pask'èl' avé faoté. Bin k'ê fûj' où tournan dé dîz uet' an d'âj', ê n'té guêr' sortî d'la fourê éyou lojé son pêr ; ê n'avé jambéyé (parcouru) seûr'man tôu lê rakoîn ; an déô d'lé' ê n'savé, por bin dièr', ké la rot' dé mêss' de Sin-Jorj'-dé-Kita.

Mîn, mon p'ti da n'vou di pâ tou.

Por dévot' ê bin ranjê, èl' té ; y avé pâ son parai, si tèl'man k'ê s' saové dê bûchoû ki li diîn dê guérnuzet' kan k'ê passé. D'ein aot' koûté, fao bin l'dièr, por son malœûr' èl émé tro a vâ lê biao signœû ê lé bèl' dém' du châtia d'Mînn', ki v'nîn s'pourméné an la fourê.

Mîn, mon p'ti da dé-t-î v'dièr' tou.

(1) La prononciation du patois de cette légende est indiquée dans les notes des pages 26 et 41 de la notice : *Le Château d'Aron et ses grosses Forges*.

Kan ké l'béron î chassé, k'ê ouiyé l'abai dê chiên, lé kôr s'éouélé [1] ê érkanti dê rô du Hai, sa l'émouvé dan l'dedan ê ê v'né an kouran érguèrdé la min' fièr' dê signœû, leû bliao d'kam'lin, la béronêss' ê sê fill' dé konpégnaî, leû rob' dé tir'tén' tou piîn fin', leû kouèf' ê tou leû biao fai.

Mîn, mon p'ti da pourra-t-î v'dièr' tou.

Pî, ê miré lê airnouâ dê j'vâo, lê émouchoué dê bêt' d'amb' (amble) dê dém' ê dê d'mâzèl', êl' ékouté lê pourpos jéyeû des péj'; ma finte, lê jun' signœû î n'sé mokîn poin d'lé, li randîn l'bonjou, pî ê jèrgoné o euss' à la bon'da.

Mîn, mon p'ti da ê bin nouzoû por vou dièr' tou.

Pakot' été kœurieuz' ê ê s'pèrdi sû s'té vâ lâ. E s'maité tro dan l'ziœu l' v'lou, la sâ, l'ôr dé sê gran rich' ki li bériîn (brillaient) d'van l'z'iœu. Lé, êl avé ein' figœur' am'nivê o d'ziœu tanr', bin tro tanr' (ê d'ziœu, î koti, par dê fa, d'z ékair' ki tuan); son kôr été lijé, s'man [2] bin a la vir', o ein p'ti ka d'saovéjon k'été tou d'mînm' piaizan. Ein pèj' lâ r'mèrki. S'été-t-î s'kê v'lé ? Nanni. E chaovi ein vénû, pi s'ansaovi por n'êt' poin bizê.

Mîn, mon p'ti da voudré bin n'pâ v'dièr' tou.

I n' té pû tân dé r'doubié ; an lâ érguèrdan lé jun' signœû l'avé insandiê, ê l'fœu î kouvé oû d'dan d'lé. Ein jou ké la fourê, a piin dan l'sola, ê bourdoné oû mouâ d'ma (mai), ê l'rankontri dan ein' sant' dê bouâ. Lé papaiyôn biœu î barvolîn sûl' brou dê tayî ; ein' sant' frâch' é fort' de mœûyé v'né dê saol' ê dê koûdériê : sa an tourné kaziman la têt'.

Mîn mon p'ti da a bin d' la pén' a v' dièr' tou.

Lê frâz' mœurissîn antér lê toufê d'bouâ. Sû lê

(1) S'éouélé (donnait de la voix).

(2) S'man, seulement avec le sens de vraiment, précisément.

mouss' dé kouleûr d'or mouré, lê foujêr' déroulîn leû kross' vert' ê brodîn leû féy'. Ein mœurmot'man d'amour bin pernan, la kâyett', (caillette) (1) an y u, tou d'siœut', piin l'z orai. An y prîn la min ; an l'ambressi ; son kueur moli ê li fî fao bon.

Mîn mon p'ti da n'vou di-t-î pâ tou ?

La Pakot', k'été ein' fumèl' ounêt', s'érpanti san tèrdé d'son p'ché, ê o l'ind' dê r'ligioû, ê s'an fu s'ankiôr' a Mînn'. Koum' s'été ein' fill' dê bouâ, ê s'konsœumi dan la prinzon k'êl' avé v'lû. Kœu pétié ! ê s'mouri pâ bin d'z énê aprê. Tout' fin seul', ê s'érpanté d'ava été éguiérê koum' sa ein jour de printan.

Mîn mon p'ti da, ma konsist' (ma conscience), fini par vou dièr tou.

An véyé, par dê fa, ein jun' signeû anjambé l'échélié du sim'têr dé Sîn-Martin ê s'bouté dré d'van la krua pâ bin lin de la tumb' dé la érkleuz'. S'été l'ansien péj' ki v'né p't-êt' périé por la fumèl' k'il avé m'né à la môr, por sté pôr Pakot, la fill' du faokounié. Pôvérté d'mond' !

E vou l'véyê, mon p'ti da î savé tou ê v'z a di tou.

S'ê pâ por dièr', mîn sa n'a guêr chanjé en antér' s'tanla ê anié. Y a toujoû dê bavolet' ki s'lairan anjobliné par dê vérdinguê, pâ vra ? ê y a pâ d'lê bourdé kôr ; êz' on l'kueur tanr', la têt' dœur' koum' dê bizeû (2) ; ê n'v'lan rin oui. L'z ansiên du pè diîn (an rian a métié, j'vieu bin) : « Gardé ein' fumèl', an y ariv' ; dè, s'ê pû k'malêzé ; trà, oûtan gardé ein boussia d'peuss' oû sola ».

(1) Caillette, petite caille.
(2) Bizœû, diorites.

Traduction :

Mon petit doigt sait tout et dit tout.

Du temps des moines du moutier de Saint-Martin de Maîne [1], il y eut une recluse dans leur voisinage. Amenée, par une nuit fort noire, dans la masure qu'elle occupait, personne ne l'avait vue ; elle cachait son visage et l'on ne savait qui elle était.

Mais, mon petit doigt ne sait-il pas tout ?

Les uns la disaient une mauvaise femme, une criminelle repentante ; les autres prétendaient qu'elle était jeune, très belle et voulait, par piété, immoler à Dieu sa jeunesse. Quelques-uns chuchotaient certaines choses dont il paraissait prudent de ne pas parler près du château. Au fait, personne n'était renseigné.

Mais, mon petit doigt peut vous dire tout.

Or, cette recluse était la fille du fauconnier de Maîne et se nommait Pâquotte, recluse volontaire parce qu'elle avait été coupable. Quoiqu'âgée d'environ dix-huit ans, elle était rarement sortie de la forêt où son père habitait ; si elle en connaissait tous les détours, elle ne savait guère, au reste, que le chemin de messe de Saint-Georges-de-Quitay [2].

Mais, mon petit doigt ne vous dit pas tout.

Fille pieuse et délicate, même exemplaire, elle se sauvait des bûcherons qui, lorsqu'elle passait, lui adressaient parfois des propos grivois. Par ailleurs, pour son malheur, il faut le dire, elle aimait trop à voir les beaux seigneurs et les belles dames du château de Maîne, qui venaient se promener en forêt.

Mais, mon petit doigt doit-il vous dire tout ?

(1) « Maîne » forme ancienne du nom « Mayenne ».

(2) Saint-Georges-de-Quitay, nom que portait jadis Saint-Georges-Buttavent.

Lorsque le baron de Maîne chassait, que Paquotte entendait les chiens aboyer, que le son du cor retentissait au loin, répercuté par les rochers du Hec, elle en était toute émue, accourait pour regarder la mine fière des gentilshommes, leurs justes de camelin, la baronnesse et ses suivantes, bien parées, leurs robes de fine tiretaine, leurs coiffes et tout leur riche accoutrement.

Mais, mon petit doigt pourra-t-il vous dire tout?

Puis, elle admirait le harnachement des chevaux, les légers caparaçons des hacquenées des dames et des demoiselles, écoutait les propos joyeux des pages. Ils ne se moquaient pas d'elle vraiment, la saluaient, et elle riait avec eux innocemment.

Mais, mon petit doigt osera-t-il vous dire tout.

Paquotte était curieuse; ce fut sa perte. Elle convoitait le luxe de ces riches seigneurs, le velours, la soie, l'or qui chatoyaient devant elle. Son minois éveillé était éclairé d'yeux très tendres, trop tendres; et des yeux, jaillissent parfois des éclairs qui tuent. Sa démarche souple avait une grâce un peu sauvage, qui ne manquait pas d'attrait. Un page la remarqua. Etait-ce ce qu'elle désirait? non, certes. Elle rougit et se sauva pour échapper à un baiser.

Mais, mon petit doigt voudrait bien ne pas vous dire tout.

Il n'était plus temps de fuir. Le jeune seigneur avait de ses regards allumé en elle un feu qui couvait. Un jour, que la forêt ensoleillée bruissait du renouveau, elle le rencontra dans un sentier des bois. Les papillons bleus voletaient dans les jeunes taillis ; un parfum frais et pénétrant de muguet s'échappait des saules et des noisetiers; la tête en était grisée.

Mais, mon petit doigt a peine à vous dire tout.

Les fraises rougissaient dans les entre deux des cépées. Au-dessus des mousses mordorées, les grandes fougères tendaient les dentelles de leurs ailes vertes. Un doux murmure d'amour brûlant emplit les oreilles de Paquotte ; on lui prit la main, on l'embrassa ; son cœur chancela et succomba.

Mais, mon petit doigt ne vous dit-il pas tout?

Paquotte, qui était une honnête fille, eut aussitôt le repentir de sa faute et, sous la protection des moines, devint une recluse. Fille des bois, elle s'étiola, hélas! dans la prison qu'elle avait désirée et mourut peu d'années après. Dans la solitude, elle avait expié son égarement d'un jour de printemps.

Mais, mon petit doigt, en vérité, finit par vous dire tout.

On voyait parfois un jeune seigneur franchir l'échalier du cimetière de Saint-Martin et s'arrêter devant la croix, non loin de la tombe de la recluse. C'était l'ancien page qui venait prier peut-être pour sa victime, la pauvre Paquotte, la fille du fauconnier. Ah, faiblesse humaine !

Vous le voyez, mon petit doigt savait tout et vous a dit tout.

Finissons par un mot de ma conteuse :

Ce n'est pas simplement pour causer que d'ajouter que les temps ne sont pas changés. Il y a toujours des étourdies qui se laissent tromper par des freluquets, n'est-il pas vrai ? Et dire que l'on ne peut pas les arrêter. Elles ont le cœur tendre, la tête dure comme des cailloux et n'écoutent rien. Les anciens du pays disaient, pour partie en riant sans doute : « Garder une fille, cela se peut ; deux, c'est très difficile ; trois ; — autant vaudrait garder un boisseau de puces au soleil ».

CHAPITRE III

—

Les droits curiaux de Saint-Martin dans le chateau de Mayenne et ses environs. — Destitution de deux sacristains ; violences d'un procureur en l'Election de Mayenne. — Les prêtres habitués ; règlement de l'évêque du 20 octobre 1686. — Tarif des honoraires du clergé, en 1713, pour les sépultures et les services de fondation. — Droits des curés de Notre-Dame sur l'hopital du Saint-Esprit. — Processions de Saint-Martin au-dela du pont de Mayenne.

Au commencement du xiie siècle, Juhel Ier, baron de Mayenne, fils de Gaultier, avait, comme on l'a dit au chapitre premier, transféré près de son château les moines de Marmoutier qui occupaient alors le prieuré de Saint-Martin. La chapelle du nouveau prieuré, dit de Saint-Étienne, devint le centre d'une petite paroisse qui comprit le château et ses dépendances immédiates, les grands et les petits moulins sur la rivière.

Juhel II, petit-fils du fondateur du prieuré de Saint-Étienne, eut des démêlés avec les religieux, rompit avec eux, brûla leur couvent, puis, revenu à de meilleurs sentiments, les installa à Fontaine-Géhard, paroisse de Châtillon-sur-Colmont où fut construit un autre prieuré [1].

Les prieurs de Fontaine-Géhard qui, en fait, n'avaient pas perdu leurs droits sur le territoire du prieuré de

(1) V. *Le Manoir de Torbéchet*, pp. 48 et s.

Saint-Étienne, le réunirent à la paroisse de Saint-Martin dont ils demeuraient curés-primitifs, comme on l'a dit précédemment.

En 1463, Pierre d'Origny, alors prieur de Fontaine-Géhard, menaça d'un procès Guillaume Guillard, vicaire-fermier du curé de la paroisse de Notre-Dame de Mayenne, pour avoir empiété sur le territoire du château au mépris des droits que possédait l'église de Saint-Martin. Guillard avait administré le sacrement de l'Eucharistie et donné l'Extrême-Onction à quelques-uns des habitants du château et des environs.

« Vous avez mis la faulx dans la maison d'autrui, disait d'Origny au vicaire et vous avez reçu sept blancs contre Dieu et votre conscience. Vous devez restituer cette somme et être condamné à une amende ».

Guillard courbait le front, ne s'en défendait point. Se sentant coupable et pauvre hère en face du riche prieur, il ne protestait pas plus que l'agneau de la fable et reconnaissait humblement avoir fauché un peu d'herbe du pré de Saint-Martin. Il offrit les sept blancs qu'il avait reçus, les versa et se mit à la discrétion de son rigoureux adversaire, quant à l'amende.

D'Origny prononça alors contre le malheureux la sentence suivante : « Le vicaire-fermier de Notre-Dame, à titre d'amende et en réparation de l'injure faite à l'église de Saint-Martin, ira en personne processionnellement à cette église et y célébrera, devant le peuple assemblé, une messe de Saint-Martin, le dimanche de l'Octave de la prochaine fête de l'Ascension de Notre-Seigneur ».

Le vicaire, contrit sans doute de sa faute, acquiesça à cette décision, promit de l'exécuter et de ne pas récidiver [1].

(1) V. la sentence à l'Appendice, note A. Les blancs étaient alors de deux espèces ; les grands blancs valaient 15 deniers et les petits 5 deniers. (V. *La Vie au Bas-Maine au XIVe siècle*, par M. le Comte de Beauchêne, dans le *Bulletin de la Commission hist. de la Mayenne*, 1894, tome VIII, p. 123).

La « secrétainerie » c'est-à-dire l'office de sacristain était affermée au milieu du XVIe siècle.

Une fondation avait été faite pour une place de prêtre sacristain en l'église de Saint-Martin de Mayenne et les habitants, sous réserve de l'agrément de l'évêque, choisissaient le prêtre originaire de la paroisse qui devait l'occuper. Une maison et un jardin, situés à Mayenne, au faubourg Saint-Martin, appelés « le bénéfice de la sacristie », faisaient partie de la fondation et servaient d'habitation au titulaire.

Au commencement du XVIIIe siècle, un clerc tonsuré, nommé Rocher, sollicita cette place de sacriste, dite « la première », car il y en avait deux à l'église. L'impétrant, homme fort peu recommandable, qui en était resté à la tonsure et ne possédait d'autre titre à la fonction qu'il sollicitait que la protection des Jansénistes, surtout de l'un des plus ardents, d'Anjubault, principal du Collège de Mayenne, et l'amitié d'une veuve Jean Gougeon, née Marie Rouzière, et de ses deux filles, Marie et Michelle Gougeon. Ces trois femmes, jansénistes aussi, très intrigantes, sans délicatesse, peut-être sans honneur, avaient, avec des dehors religieux, essayé vainement de fonder à Mayenne un orphelinat sous le nom de « Maison de la Providence », puis réussi à se faire nommer gouvernantes à l'Hôtel-Dieu dit du Saint-Esprit, dans l'espoir d'en accaparer la direction et d'y introduire leur ami Rocher. Ajoutons que cette tentative n'eut pas de succès et qu'elles dûrent même sortir de l'Hôtel-Dieu (1).

Encore peu connu lors de la demande qu'il fit de la sacristie, Rocher avait réussi à l'obtenir, mais il ne tarda pas à faire remarquer au curé et aux membres de la fabrique son incapacité, son esprit chicanier, proces-

(1) V. *l'Ancien Hôtel-Dieu de Mayenne, dit du Saint-Esprit*, pp. 44 et s.

sif, et à laisser découvrir ses relations avec « les Gougeonnes », comme on appelait sans respect la veuve Gougeon et ses filles.

En 1713, les fabriciens lui contestèrent certains droits qu'il percevait illégalement. Il entendait, « en ladite qualité de l'ancienne et première place de sacriste, être payé non seulement comme prêtre mais encore comme sacristain, dans toutes les fondations, confréries et droits casuels ».

Une réunion des habitants de la paroisse fut, sur la demande de l'évêque qu'il paraissait avoir circonvenu, provoquée par François Gestière (1), avocat à la Barre ducale, procureur de la fabrique, et eut lieu le 30 Juillet 1713. « La plus saine et la plus considérable partie du général de la paroisse » qui s'y trouva comprenait :

Me Jacques Morin, curé de Saint-Martin ; Me Antoine Gautier, prêtre ; Me François Cherbonnier, prêtre ; Me Michel Etigneux, prêtre ; Me Antoine Gestière, syndic des avocats ; Me Guy Thierry, ancien procureur de l'Election ; Me François Thierry du Mur, procureur de l'Election ; Ambroise Morin ; François Richard ; Marin Nocher, aîné ; Claude le Besneux-Romillère ; Julien Mesnage ; Michel Nocher ; Pierre Roche ; Jean Loppé ; Julien Bordeaux ; Pierre Gautier ; Michel Lair ; Pierre Barré ; René Jarry ; Antoine Pinault ; Charles Cochon ; Pierre Leroux ; Jacques Ribault ; François Vielpeau ; Jean Godard ; Julien Lesueur ; Nicolas Cherbonnier.

L'assemblée se tint dans le cimetière, près de l'église et autorisa le procureur de la fabrique à résister aux prétentions de Rocher. Celui-ci s'adjoignit, comme soutien, un autre tonsuré, François Barré, qui possédait la

(1) François Gestière, fils d'Antoine Gestière et d'Anne Lelouable (V. *la Madeleine à Mayenne*), pages 71, 81, 82, 86 et 173.

seconde place de sacriste. C'était un confrère d'une valeur morale du même degré.

Un procès s'engagea et comme la fabrique de Saint-Martin n'était pas riche, le procureur François Gestière réunit de nouveau les habitants, le 29 Juin 1714, pour aviser au parti qu'il convenait de prendre, parce que les frais de l'instance qu'il fallait suivre contre Rocher allaient devenir importants.

Gestière exposa :

« Que les deux sacristes Rocher et Barré ne faisaient aucunement leur devoir, étant presque toujours absents et abandonnant leurs fonctions pour faire comme agents et procureurs, toutes les affaires dont ils pouvaient se charger ;

« Que, quoiqu'il fût porté dans le titre de fondation de la première sacristie occupée par Rocher qu'elle serait remplie par un prêtre et que le donateur eût nommément désigné que ce fut un prêtre, ledit Rocher, simple tonsuré, se prévalait d'une prétendue dispense de feu monseigneur Louis de la Vergne de Montenard de Tressan ;

« Qu'il était incapable ;

« Que ses droits avaient été réglés contradictoirement par l'évêque le 12 Mai 1701, en grande connaissance de cause et après avoir entendu les habitants ;

« Qu'il avait altéré ou fait altérer l'acte de sa nomination à ladite sacristie dont il était porteur, dans lequel on avait rapporté après coup, d'une main étrangère et d'une encre différente, qu'il percevrait à la fois les rétributions de prêtre et de sacriste ;

« Que cette altération avait été visiblement reconnue lorsque Rocher eut la témérité de représenter la pièce originale, le 15 du mois courant, lors de la visite de Mgr l'évêque du Mans ;

« Que les sacristes Rocher et Barré ne possédaient aucun bien pour répondre du trésor de l'église ;

« Qu'ils avaient dans leur possession la chapelle du Saint-Sacrement, dont il avait déjà été diverti et enlevé plusieurs bijoux ».

Sur cet exposé, les habitants « pleinement instruits et pour remettre les choses au premier état, maintenir le bon ordre et faire exécuter la volonté du fondateur de la première sacristie », destituèrent Rocher et Barré de leurs fonctions de sacristains et les remplacèrent par Joseph Valiquet, vicaire à Grazay, originaire de Mayenne, qui seul devait remplir cette charge.

Les deux sacristains destitués n'étaient pas présents. Un de leurs amis, François Lambleux (1), procureur en l'Election, avait protesté violemment et avec insolence contre le réquisitoire du procureur de la fabrique, puis contre la décision des habitants. Il s'en retournait fort mécontent lorsqu'il rencontra Renée de Jonchères, la femme du procureur marguillier François Gestière, au moment où elle sortait de la messe. « Il l'arrêta, l'insulta elle-même de plusieurs paroles atroces et scandaleuses contre son honneur et sa réputation, comme il avait ci-devant fait à son mari ».

« Laissez-moi, disait-elle, je vous en prie, laissez-moi m'en aller », et elle cherchait à échapper à son insulteur.

Lambleux, la poursuivant toujours, finit par lui donner des soufflets, en continuant « ses injures calomnieuses », et l'aurait violemment traitée si le public, qui sortait de la messe, ne l'en eût empêché.

Gestière averti des mauvais traitements qu'on faisait

(1) François Lambleux, époux de Jeanne Gestière, eut pour enfants : 1° Michel Lambleux, sieur de la Roirie, avocat, marié à Marguerite-Perrine Jubier ; 2° François Lambleux, prêtre ; 3° Pierre Lambleux, avocat, époux de Louise-Rose Duchemin ; 4° Marie-Jeanne Lambleux, épouse de Michel Fourreau, bourgeois.

subir à sa femme accourut. Lambleux et son fils se jetèrent au-devant de lui, brandissant chacun un bâton, « en jurant et blasphémant le saint Nom de Dieu, le menaçant, le traitant de voleur, de fripon et de scélérat ».

Dans un procès-verbal dressé par Pierre Mesnage, notaire à Mayenne, le jour même, relatant les faits que nous rapportons succinctement, Gestière et sa femme disaient : « Les Lambleux sont des personnes séditieuses, cabalistes et accoutumées à de pareils excès, dans toutes les assemblées et occasions pareilles. Ils nous ont menacés et notre famille aussi de nous férir et ruiner et s'en vantent ».

Les époux Gestière étaient alliés du juge criminel de la Barre ducale qui était alors Billard de Lorière. Celui-ci ne pouvant être saisi de l'affaire, ils durent se pourvoir devant la Cour « pour obtenir la permission d'informer et de quérimonier », mais il est probable qu'il survint une transaction entre les époux Gestière et Lambleux. Les plaideurs terminaient souvent par là leur litige, pour éviter les frais considérables d'un procès, sauf quelques chicaniers intrépides qui procédaient jusqu'à ce qu'ils succombassent sous le poids de leur sac de procédure. Il y en a toujours eu.

Par ailleurs, il est probable également que la fabrique de Saint-Martin composa avec Rocher pour se débarrasser de ce clerc indigne, concussionnaire et faussaire.

Les prêtres habitués étaient nombreux à Saint-Martin ; il y en avait une douzaine à la fin du XVIIe siècle, pauvres pour la plupart. Nous venons de voir dans Rocher un clerc tonsuré qui grâce à l'intrigue, put se faire octroyer la sacristie de la paroisse et jouer le rôle d'agent d'affaires au lieu de se préparer à la prêtrise. Beaucoup d'ecclésiastiques dans le besoin cherchaient à se créer des ressources, non pas par des moyens deshonnêtes, mais ils se livraient à des travaux manuels, à des actes de commerce qui diminuaient leur considération aux yeux du peuple. On ne peut s'en étonner : la nécessité fait sortir de leur voie les hommes les meilleurs.

Beaucoup de ces ecclésiastiques mécontents de leur sort se montraient insoumis vis-à-vis des curés, agissaient avec maîtrise, empiétaient sur les fonctions rectorales, prétendaient qu'ils avaient des droits de priorité pour être employés dans les divers services de l'église et toucher les honoraires qui y étaient attribués ; ils alléguaient même que le mode de répartition de ces honoraires n'était pas équitable. Les uns se targuaient de leur naissance dans la paroisse, les autres se prévalaient d'une longue résidence : tous jalousaient les vicaires auxquels une préférence était pourtant due. De là surgissaient des contestations perpétuelles entre les curés, les vicaires et les habitués ; elles duraient encore au XVIIIe siècle.

Une sentence de l'Officialité du Mans fut rendue le 2 octobre 1764, sur les conclusions du promoteur, entre : 1° François-Augustin Lair de la Motte, curé de Saint-Martin ; 2° Jean-Julien Cherbonnel, diacre, demeurant à Saint-Martin *d'une part*, et 1° André Clouet prêtre, né à Saint-Martin ; 2° Ambroise Gougis, ancien procureur des prêtres de l'église de Saint-Martin, également originaire de la paroisse, *d'autre part*.

Elle ordonnait que les règlements faits en 1678, 1686 et 1694 pour les paroisses de Notre-Dame de Mayenne et de la Trinité de Laval et d'Évron et confirmés par arrêts de la Cour de 1672, 1689 et 1710, et par jugement du métropolitain de Tours, en 1695, pour la paroisse d'Évron, seraient exécutés à Saint-Martin, comme ils l'étaient dans les autres paroisses du diocèse du Mans (1).

(1) La sentence de 1764 fut confirmée par arrêt du Parlement de Paris, le 11 Juillet 1765,

Un extrait du règlement de la Trinité de Laval, du 20 octobre 1686, suffira pour faire comprendre le désordre qu'il s'agissait de faire disparaître.

« Louis de Lavergne-Montenard de Tressan, évêque du Mans...

« Après avoir entendu le rapport du sieur du Bois-Motté, notre vicaire général, qui a assemblé tous les ecclésiastiques habitués dans l'église de la Trinité...

« Défendons à tous les prêtres habitués dans l'église de la Trinité de Laval de s'arroger :

« De faire aucunes fonctions rectoriales sans la permission expresse de leur curé.

« D'administrer les sacrements du Saint-Viatique et de l'Extrême-Onction.

« De donner la bénédiction aux femmes après leurs couches.

« De recevoir les promesses des futurs mariages.

« De faire la bénédiction du pain, sous prétexte de confrérie ou autrement.

« De s'ingérer de faire sonner les cloches pour faire l'office et de le commencer.

« Le tout à peine aux contrevenants de chacun desdits articles de suspense de la fonction de leurs ordres sacrés pour un mois, encourue du seul fait si ce n'est en cas de nécessité reconnue, d'administrer le sacrement du Saint-Viatique ou de l'Extrême-Onction, dont ils seront obligés d'avertir les curés incontinent après.

« Ordonnons aux chantres et aux autres officiers du chœur d'obéir et reconnaître pour supérieurs leurs curés et, en leur absence, les vicaires par eux préposés et approuvés de nous ou de nos grands vicaires, et, qu'après trois remontrances en forme de monitions faites par lesdits curés ou l'un d'eux, faute qu'ils feront d'y obéir dans la quinzaine, demeureront déposés de leurs charges, sans qu'il soit besoin d'autres ordonnances ni réquisitions que lesdites monitions en forme, dûment notifiées. Et où lesdits officiers prétendraient, par quelqu'autorité que ce soit, faire les fonctions de leurs charges, le susdit temps passé, demeureront, après la première fonction, suspens, du seul fait de l'exercice, de leurs ordres sacrés, jusqu'à ce que par nous en ait autrement été ordonné. Et entendons seulement comprendre lesdits officiers, les chantres, les diacres et sous-diacres d'offices.

« Ordonnons qu'à l'avenir il sera fait un rôle par lesdits curés de ceux de leurs prêtres qu'ils choisiront pour les accompagner à la levée et sépulture du corps des pauvres qui n'ont aucun bien pour les faire ensépulturer ; et ceux qui seront ainsi choisis par lesdits curés pour les accompagner auxdites sépultures des pauvres, seront préférablement employés aux convois et sépultures de ceux qui n'auront pas de biens suffisamment pour y appeler tout le clergé de la paroisse, et seront aussi préférablement choisis, tant au service du casuel que des fondations et préférés à tous les autres, à l'exception, néanmoins, des services dont les fondations portent que tous les prêtres de la paroisse y assisteront, sans qu'aucun prêtre, originaire ou autrement puisse prétendre droit d'habituation et participer à aucuns honoraires de l'église que ceux qui auront été choisis par lesdits curés ;

« Et déclarons :

« Que les originaires de ladite paroisse et autres de notre diocèse n'ont d'autres droits dans les églises de leur naissance que d'y aller en habit d'église et y célébrer la messe, conformément aux ordonnances synodales, et toujours, néanmoins, sous la direction desdits curés, lesquels nous exhortons de donner la préférence auxdits originaires dans les fonctions de leur ministère, autant que leur mérite et leur bonne conduite les en rendront dignes.

« Qu'il sera libre aux habitants de la paroisse de demander aux dits curés tel nombre de leurs prêtres qu'ils voudront pour assister aux sépultures de leurs parents, pourvu que ce soit un nombre suffisant pour faire l'office ;

« Que les vicaires et autres officiers seront toujours choisis du nombre ci-dessus et que les habitués seront choisis tour à tour, selon l'ordre du tableau ;

« Que les vicaires, nommés par nous ou nos vicaires généraux, précéderont toujours tous les autres officiers et habitués et auront le double dans toutes les distributions, tant du casuel que des fondations qui n'en auront pas autrement ordonné ;

« Qu'il sera choisi par les dits curés un receveur dont ils demeureront responsables tant des honoraires que du casuel que des fondations, lequel en rendra compte de trois mois en trois mois aux dits curés, en présence de tous les habitués auxquels la distribution sera faite à l'instant, à chacun ce qui lui appartiendra, conformément au point qui aura été fait par le dit receveur ;

« Que les distributions des absents seront partagées entre les présents et les excuses jugées par les dits curés ;

« Défendons aux prêtres de faire des assemblées, de se promener et s'entretenir dans la sacristie, de peur de distraire ceux qui se disposent à la célébration de la sainte messe et de l'office divin.

« L'évêque du Mans fixa ainsi qu'il suit, en 1713, les honoraires du clergé de Saint-Martin, pour les sépultures et les services de fondation.

« Pierre Rogier du Crévi, par la grâce de Dieu et du Saint-Siège apostolique, évêque du Mans,... savoir faisons, — que sur ce qui nous a été remontré que dans la paroisse de Saint-Martin de Mayenne il n'y a point de règlement pour la rétribution qui doit être payée aux sieurs curés, vicaires, officiers et prêtres habitués et sacristes, ce qui donnait lieu à différentes contestations; pour auxquelles y remédier et établir un ordre. — Nous avons fait le règlement ci-après, pour avoir exécution à l'avenir :

« 1° Que le sieur curé aura, pour les enterrements de première classe à trois grandes messes chantées et vigiles entières, $3^{\#}10^{s}$ pour rétribution, les vicaires 24^{s} chacun, les officiers, savoir : diacre, sous-diacre et chapiers 18^{s} chacun, les prêtres habitués 12^{s} chacun, le sacriste 18^{s}.

« 2° Aux services de seme de première classe, à trois grandes messes et vigiles d'un nocturne, 40^{s} pour le curé, les vicaires 16^{s}, les diacre, sous-diacre, chapiers et sacriste 12^{s}, les prêtres habitués 8^{s}.

« 3° Aux enterrements de seconde classe : le sieur curé aura 35^{s}, les vicaires 12^{s} et les diacre, sous-diacre, chapiers et sacriste 9^{s}, et les prêtres habitués 9^{s}.

« 4° Tous ceux qui célébreront les grandes messes pour les susdits services, 10^{s}, et pour une messe basse, 8^{s}.

« 5° Pour les services de fondation, les prêtres qui diront les messes à l'alternative auront 10^{s}, et le surplus sera partagé, en portions égales, entre tous les prêtres et officiers à l'exception du sieur curé qui aura quatre parts selon l'ancien usage de ladite église ; et aucuns prêtres, officiers et sacriste ne pourront prétendre à aucune rétribution s'ils n'ont assisté aux susdits services et rempli les fonctions de leurs offices tant dans les dits services que dans les services publics les dimanches et fêtes.

« Fait et arrêté au Mans, en notre palais épiscopal, le onzième février mil sept cent treize.

Signé : Pierre, évêque du Mans ».

De même que le curé de Saint-Martin avait juridiction sur la rive droite de la Mayenne, au château, quoiqu'il fût incorporé dans la paroisse de Notre-Dame, de même le curé de cette dernière paroisse jouissait de pouvoirs curiaux à l'Hôtel-Dieu dit du St-Esprit, bien qu'enclavé en Saint-Martin.

Les dames gouvernantes de l'Hôpital du Saint-Esprit se recrutaient dans la bonne société du pays, et nous y voyons entrer, en 1712, Françoise Thoumin de Montaigu, veuve de Clément de Quelquejeu de Bonvoisin, dont le mari avait été juge civil et criminel du marquisat de Lassay. Après la mort de celui-ci, elle vint habiter chez sa mère, Françoise Tanquerel, veuve elle-même de Mathurin Thoumin, sieur de Montaigu, qui occupait à Saint-Martin de Mayenne une grande maison avec jardin et dépendances, situés entre la rue de Boyère et la rivière et dont un des côtés longeait une ruelle la séparant de l'Hôpital. C'était une des habitations les plus vastes de Mayenne.

La piété de Françoise de Bonvoisin la portait de vieille date à se retirer au Saint-Esprit, et sa famille secondant ses désirs lui abandonna intentionnellement la libre disposition de la maison dont nous venons de parler. Celle-ci devait être fort utile à l'Hôtel-Dieu qui faute de place ne pouvait recevoir qu'un nombre limité de malades. Par acte devant Esnault et René Davoynes, notaires royaux à Mayenne, Françoise Thoumin de Montaigu donna à sa fille cette maison avec l'agrément de son autre fille et de son gendre. Marguerite Thoumin de Montaigu, sœur de Françoise, avait épousé François Gasté, sieur de la Blotière, avocat au parlement près le siège de la Barre ducale de Mayenne.

Françoise de Bonvoisin entra à l'Hôpital en qualité de gouvernante. Son habitation qu'elle lui donna fut rattachée à l'établissement, et, pour faciliter le service, on la relia à celui-ci par une galerie qui permettait de franchir la ruelle à l'abri des intempéries ; toutefois ses issues furent conservées sur la rue de Boyère. La supérieure put ainsi facilement se retirer avec une partie du personnel de l'Hôpital dans la maison annexée, afin de laisser, pour les besoins des malades, les pièces qu'habitaient précédemment les gouvernantes et les domestiques.

Une question se présenta. La maison donnée devait-elle rester de la paroisse de Saint-Martin ou allait-elle devenir une dépendance de Notre-Dame.

Le curé de Saint-Martin, qui était en exercice en 1712, avait paru se désintéresser des conséquences que pouvait avoir la distraction de la maison Bonvoisin au profit de l'Hôtel-Dieu et celui de Notre-Dame s'était considéré investi, de plein droit, sur cette annexe des pouvoirs qu'il exerçait sur l'établissement principal ; du reste personne n'avait réclamé. Il existait un précédent qui paraissait justifier cette prise de possession. Déjà vers 1680, une autre maison contiguë à la chapelle du Saint-Esprit et aux anciens bâtiments de l'Hôpital avait été enlevée à Saint-Martin, sans protestation de ses curés.

En 1735, François-René Barbeu du Bourg, curé de Saint-Martin, essaya de ressaisir les ouailles qui lui échappaient. Il fit sommer les gouvernantes et les domestiques qui habitaient la maison Bonvoisin d'avoir à faire leurs pâques en son église. Daniel Bouessay, curé de Notre-Dame, répondit de son côté par une mise en demeure de Simon Marcilly, huissier royal à Saint-Baudelle, du 1er avril de la même année, signifiée à Catherine Dubois, l'une des gouvernantes, « tant pour « elle que pour chacune des autres et les domestiques « de l'Hôtel-Dieu, de continuer, comme elles avaient fait « ci-devant et depuis longtemps, de satisfaire à leur de-

« voir pascal et solenniser la quinzaine de Pâques en « l'église paroissiale de Notre-Dame de Mayenne et y « rendre, en toutes occasions nécessaires, les autres « devoirs de paroissiens, nonobstant toutes sommations « contraires... attendu, disait l'huissier, que ledit curé « de Notre-Dame est en possession ancienne et raison- « nable d'avoir la direction spirituelle tant des pauvres « malades dudit Hôtel-Dieu que de toutes les personnes « qui y demeurent, à laquelle direction elles ne peuvent, « suivant les règles de la conscience et de l'église, se « soustraire d'elles-mêmes, ni leur curé les abandonner « sans injustice, leur déclarant au surplus que si elles « refusent de satisfaire à cette présente sommation, elles « manqueront en cette partie à l'obéissance due à « l'église et qu'il (le curé) sera obligé de se pourvoir « contre elles par les voies de droit pour les ramener au « bon ordre. »

Une grande perplexité régna à l'Hôpital dont les habitants ne savaient à qui obéir. La plupart firent leurs Pâques à Notre-Dame ; d'autres se rendirent d'abord à Notre-Dame puis à Saint-Martin, pour satisfaire les deux curés. La supérieure écrivit à l'évêque qui lui répondit de se conformer provisoirement aux anciens usages et de continuer d'aller à l'église de la paroisse à laquelle elle et ses compagnes avaient l'habitude de se rendre.

Ce provisoire ne satisfit pas le curé de Saint-Martin et le conflit prit quelques mois après des proportions inattendues.

Françoise de Bonvoisin mourut le 3 novembre 1735 dans la maison qu'elle avait annexée à l'Hôpital. Elle était alors supérieure et devait être inhumée, conformément au désir qu'elle en avait exprimé, dans le cimetière de Saint-Antoine, paroisse de Notre-Dame.

Barbeu du Bourg, curé de Saint-Martin, saisit cette

occasion pour affirmer ses droits et résolut de faire la sépulture, parce que, disait-il, la défunte était morte sur sa paroisse.

Le lendemain du décès, 10 septembre, vers neuf heures du matin, il se présenta à l'entrée de l'annexe de l'Hôpital, accompagné de son clergé, « en habits sacerdotaux « et ornements, la croix levée après les glas et regrets, « suivant l'usage et coutume de la paroisse, à l'effet de « faire la levée du corps de la défunte, lequel venait « d'être exposé au-devant de la porte de l'annexe, rue de « Boyère. » Dès que le cortège de l'église de Saint-Martin parut, on s'empressa de rentrer la bière. Le curé demanda à l'Hôpital les motifs qui pouvaient expliquer une pareille conduite, et on lui fit part d'une défense du juge qui, quelques instants auparavant, avait été signifiée à Marie-Rose Deschamps, la nouvelle première gouvernante, par René Mesnage, huissier royal au siège du Grenier à Sel de Mayenne.

En effet, le curé de Notre-Dame, en apprenant les projets de son confrère de Saint-Martin, s'était empressé de présenter une requête à de Bazogers, juge général civil et criminel du duché qui, sur la réquisition de Jean-René Tanquerel, procureur fiscal, avait immédiatement ordonné que « pour obvier à tout murmure et attendu la possession du suppliant », il défendait à la supérieure de l'Hôtel-Dieu de laisser enlever le corps de la défunte par le curé de Saint-Martin, sous les peines de droit. Catherine-Rose Dubois, l'une des autres gouvernantes qui assistait la supérieure, confirma à ce dernier les termes de la sommation qui venait d'être donnée. Le curé « protesta qu'on agissait contrairement à ses droits », et ses dires furent consignés en un procès-verbal que dressa Patrice Houet, notaire royal du faubourg Saint-Martin, dont il s'était fait accompagner.

Les dames de l'Hôpital, que ces prétentions des curés

troublent singulièrement, ne sachant quel parti prendre, demandent un répit d'une heure pour délibérer. Il leur est accordé.

Mais, le délai expire sans qu'elles se soient décidées à obéir à l'un ou à l'autre des curés, et comme elles ne donnent pas de réponse, Barbeu-Dubourg fait avancer la bière, l'asperge, entonne le *De Profundis* et commande de se mettre en marche.

Surviennent alors René Mesnage, sergent royal, Julien Duhoux, sergent du duché et quelques autres personnes qui veulent empêcher qu'on ne sorte le corps par l'annexe et essaient de l'entrer dans l'Hôpital.

Les chants du clergé sont interrompus. Le curé interpelle les sergents et leur reproche leurs actes de violence. Ils répondent qu'ils exécutent les ordres du Juge, qui du reste est présent et fait partie des personnes venues pour assister à l'inhumation. Une assez vive explication a lieu entre le curé de Saint-Martin et de Bazogers. Le premier se plaint d'être troublé dans l'exercice de ses fonctions et finit par triompher. Les sergents n'opposant plus de résistance, le corps est transporté en l'église de Saint-Martin, suivi des parents de la défunte, du juge et de plusieurs autres officiers.

Mais comment allait s'effectuer l'inhumation au cimetière de la paroisse de Notre-Dame?

Après les cérémonies ordinaires, François Gasté de la Blotière, beau-frère de Françoise de Bonvoisin, pria le curé de Saint-Martin de faire transporter le corps sur la limite de la paroisse où le clergé de Notre-Dame viendrait le recevoir pour procéder à l'inhumation au cimetière Saint-Antoine. Sa demande parait toute naturelle; elle est agréée et un exprès invite le curé de Notre-Dame à venir au devant du clergé de Saint-Martin jusqu'au milieu du pont de Mayenne.

Le cortège funèbre se met en marche et en quittant

l'église on chante l'office des morts. Arrivé sur le pont, Coulon, vicaire de Notre-Dame, s'avance seul, sans surplis ni étole, et déclare au curé de Saint-Martin que son confrère n'accepte pas de recevoir le corps et qu'il ne se déplacera point.

Barbeu-Dubourg n'hésite pas ; il franchit le pont et le cortège se rend jusqu'au « Tou, au bas de la Grand' « rue de Notre-Dame) où s'arrêtent ordinairement les « processions de la paroisse de Saint-Martin, du côté « de la ville, »

On continue sur place l'office des morts et l'on espère qu'une bonne inspiration décidera le curé de Notre-Dame à paraître. Attente vaine : aucun ecclésiastique de la paroisse ne se présente, et le cercueil va rester abandonné.

Gasté de la Blotière, désolé de cette situation, prie le curé de Saint-Martin de bien vouloir ne pas laisser le corps de sa belle-sœur dans la rue et de le conduire au moins jusqu'à l'église de Notre-Dame ; il signe même une réquisition expresse à cet égard pour couvrir la responsabilité du curé.

Enfin, la bière est transportée sur le parvis de l'église, puis, après un temps d'arrêt, déposée au bas de la nef.

L'affaire ne devait pas se terminer de la sorte. Gasté de la Blotière n'était point à la fin de ses soucis. Le curé de Notre-Dame refusa l'inhumation immédiate et le cercueil dut être reporté à l'Hôtel-Dieu où il alla ensuite le chercher ; il voulait affirmer le droit qu'il avait de faire la levée du corps des personnes décédées dans l'Hôtel-Dieu et ses dépendances.

Un scandale aussi considérable ne pouvait être étouffé : un procès s'ensuivit. Le litige fut porté par Dubourg au siège de la Sénéchaussée du Maine, au Mans. Une décision rendue le 3 juillet 1755, lui donna tort : « Avons maintenu et gardé, disaient les juges, maintenons et gardons le sieur de Bouessay dans le droit et possession de faire les fonctions curiales dans toute l'étendue de l'Hôtel-Dieu de la ville de Mayenne et dans la maison, située rue de Boyère, donnée audit Hôtel-Dieu par la veuve Bonvoisin en l'année 1712 et qui y a été réunie par une arcade ou galerie ; laquelle maison nous avons déclarée faire partie dudit Hôtel-Dieu et être à ce moyen de ladite paroisse de Notre-Dame de Mayenne. Et nous avons fait et faisons défense audit sieur Barbeu, curé de Saint-Martin, de troubler à l'avenir ledit sieur curé de Notre-Dame dans l'exercice de ses fonctions curiales, dans toute l'étendue dudit Hôtel-Dieu circonstances et dépendances, et pour l'avoir fait l'avons condamné aux dépens, ce qui sera exécuté nonobstant oppositions ou appelations quelconques... »

La lecture du dossier de cette intéressante affaire porte à penser que le curé de Saint-Martin avait été assez mal défendu. L'Hôtel-Dieu n'était pas soumis à la direction journalière du curé de Notre-Dame. Il avait un aumônier (en titre et perpétuel), indépendant des curés et qui y remplissait les fonctions sacerdotales. Les gouvernantes des malades n'étaient pas des religieuses et ne formaient point une communauté proprement dite. Le curé de Saint-Martin faisait un raisonnement qui ne manquait pas de justesse. « Les Dames de l'Hôtel-Dieu, « disait-il dans ses écritures, sont reçues et congédiées « par le Bureau et sont libres de sortir quand elles veu- « lent. Une femme pieuse du faubourg ou de la ville peut « aller exercer sa charité sur les malades, tout en con- « servant sa demeure ordinaire et restant dans la juri- « diction de son curé. Si cette personne avait sa maison « contiguë à l'Hôtel-Dieu et qu'elle y eût fait une porte « de communication pour sa commodité, acquerra-t-elle « par là au curé de Notre-Dame le droit de faire sa sé- « pulture, si elle vient à décéder? Il n'y a, ajoutait-il,

« que le sieur de Bouessay, curé de Notre-Dame, qui « peut soutenir l'affirmative ? »

Cependant, Barbeu ne porta pas appel. Il mit même fin au débat en homme d'esprit et écrivit au curé de Notre-Dame la lettre suivante :

« Monsieur et cher Confrère,

« J'arrive, dans ce moment, d'un voyage ; j'ai été trois semaines absent. J'ai appris que nos difficultés étaient finies par une sentence qui me déboute et me condamne aux dépens. Si vous en savez le montant, je vous prie de me le faire savoir. J'irai vous les payer dans l'instant. Nous avons plaidé en chrétiens ; j'espère que vous me continuerez votre amitié, j'y correspondrai toujours.

« J'ai l'honneur d'être, Monsieur, votre très humble et très obéissant serviteur.

« Barbeu du Bourg,
« curé de Saint-Martin, doyen de Javron.

« Mayenne, le 9 juillet 1755. »

Le conflit de Bouessay et de Barbeu se termina convenablement ; il n'en fut pas toujours ainsi.

Parfois, les rivalités entre les paroisses dégénéraient en rixes sanglantes. Entre Notre-Dame et Saint-Martin, on n'en vint jamais à ces extrémités. Les curés et les paroissiens se contentèrent de s'adresser quelques assignations. Une fois pourtant, raconte-t-on, les processions de la Fête-Dieu des deux paroisses se rencontrèrent au Pont de Mayenne, et ni l'une ni l'autre ne voulut céder le milieu de la voie. Les porteurs de croix se heurtèrent et se crossèrent un peu, mais la mêlée ne fut point générale et l'on n'eut à déplorer que le trouble apporté à la cérémonie. Quant aux horions qu'avaient reçus les deux champions, les gens sages des deux côtés de la rivière s'accordèrent à reconnaître qu'ils les avaient mérités de part et d'autre.

Les processions de Saint-Martin franchissaient le Vieux-Pont, en passant sous la porte Saint-Joseph, qui formait autrefois la tête de ce pont, du côté de Notre-Dame, et allaient, ainsi qu'il a déjà été dit, jusqu'au bas de la Grand'rue (rue Jeanne-d'Arc), à un endroit appelé le Tou. A Mayenne, on donnait ce nom à l'orifice de l'égout des eaux pluviales de la ville dans lequel se jetait le ruisseau des Perrouins. En venant sous le donjon de la forteresse, le clergé de Saint-Martin voulait toucher à la section de sa paroisse comprenant le château et ses dépendances; il faisait acte de possession [1].

(1) V. L'*Ancien Hôtel-Dieu de Mayenne, dit du Saint-Esprit*, **pages 60 et s.**

CHAPITRE IV

Fondations diverses. — Les orgues. — Testament d'un avocat. — Pèlerinages. — Chapellenies desservies a Saint-Martin. — Corporations et communautés d'artisans. — Les marchands lainiers. — Procession de la Fête-Dieu. — Reliques anciennes et nouvelles de l'église.

Nous ne pouvons relever que quelques-unes des fondations de l'église de Saint-Martin.

Fête de la Circoncision (1er janvier). — Guillaume Gandon et Mathurine Lefebvre, sa femme, léguèrent aux termes de leur testament reçu par Jean Esnault et Pierre Letourneux, notaires, vers 1635, une rente de 3# 15s pour la fondation de grandes oraisons les jours de la Circoncision, de la Fête-Dieu et du premier dimanche d'octobre. Sur la demande d'Antoine Gestière, curé de Saint-Martin, l'évêque du Mans accorda, le 7 juillet 1674, 'autorisation d'exposer le Saint-Sacrement pendant la grand'messe et les vêpres le jour de la Circoncision.

Fête de sainte Geneviève (3 janvier). — Une rente annuelle de 18# avait été léguée par la veuve de Mathurin Barbeu du Boulay, pour la fondation d'un service solennel le jour de la fête de sainte Geneviève, ainsi qu'il appert d'un testament reçu par Pierre Mesnage, notaire, le 7 juillet 1694.

Fête de saint Sébastien (20 janvier). — Par son testament devant Pierre Esnault, notaire, du 12 février 1659, Jean Letourneux, prêtre, légua une rente de 13# par an, pour l'entretien de la messe de saint Sébastien, « autant pour celle de saint Roch et $2^{\#}$ pour une messe chantée le jour de saint Gourgon ».

Fête de la Purification (2 février). — Jacquine Chevalier donna une rente annuelle de $3^{\#}$ 3^{s}, par acte devant Letourneux, notaire, du 15 juin 1644, pour les oraisons des fêtes de la Purification, de l'Annonciation et de l'Assomption.

Fête de saint Joseph (19 mars). — Il fut légué $8^{\#}$ de rente annuelle par Pierre Juhier, sieur des Fossés, aux termes de son testament devant Lemaître, notaire, du 18 mars 1665, pour la fondation de la fête de saint Joseph. Cette rente était assise sur le champ de la Croix de la Madeleine, route de Saint-Ouis.

Fête de l'Annonciation (25 mars). — Par son testament devant Letourneux, notaire, du 22 août 1638, Jean Gasté, sieur de la Fontaine [1], laissa une rente annuelle de trois quarterons de seigle, livrable le jour de saint Jean l'Évangéliste (27 décembre), à prendre sur le lieu des Ormeaux en Moulay, pour une oraison la vigile de l'Annonciation [2].

Fête de saint Guillaume (24 avril). — Guillaume Rommé lègue $8^{\#}$ 10^{s} de rente annuelle pour la fondation d'un service solennel le jour de saint Guillaume, par son testament devant Guesnerie, notaire, du 29 février 1708.

Fête de saint Ortaire (21 mai). — Une rente annuelle de $2^{\#}$ avait été léguée par Jean Letourneux, prêtre, pour une messe chantée le jour de saint Ortaire.

Fête de saint Jean-Baptiste (24 juin). — Il y avait grande oraison le jour de cette fête.

Fête de saint Pierre (29 juin). — Renée Benoist,

(1) Jean Gasté, époux de Renée Gastin, père de René Gasté, marié à Marie Chesneau, à Lassay, le 20 octobre 1628, aïeul de René Gasté, sieur de la Fontaine, né le 2 juillet 1630, qui épousa Françoise Mimbré.

(2) Voyez *suprà* « Fête de la Purification ».

épouse de Pierre Piron, sieur de Launay, légua par son testament devant Pierre Mesnage, du 9 janvier 1689, une rente annuelle de 10#, pour la fondation d'un service solennel le jour de saint René et d'une grande oraison le jour de saint Pierre.

Fête de la Visitation (2 juillet). — Une rente annuelle de 10# fut léguée par Mathurin Bedouet, prêtre, pour un service le jour de la Visitation de la sainte Vierge et de la Transfiguration de Notre-Seigneur, par testament devant ledit Mesnage, le 18 avril 1660. Le service « carillonné comprenait premières vêpres, matines, grand' messe et secondes vêpres, avec une grande oraison au soir et à la fin de laquelle était chanté un [Libera] sur la tombe du testateur ».

Fête de Notre-Dame du Mont-Carmel (16 juillet). — Jean Garnier constitue 30s de rente annuelle pour le service de Notre-Dame du Mont-Carmel, par contrat devant Lemaître, notaire, le 8 juillet 1639.

Les honoraires du prédicateur, le jour de cette fête, et ceux de sept messes dans l'octave sont fondés par Rommé et sa femme, par testament devant Letourneux, notaire à Mayenne, du 2 novembre 1662.

Fête de saint Jacques (25 juillet). — Il fut légué, pour le service de saint Jacques et de Saint-Martin et l'exposition du Saint-Sacrement le jour de ces fêtes, une rente annuelle de 22# 10s.

Quelques pélerins de Saint-Jacques de Compostelle avaient donné, pour le service de Saint-Jacques, une rente annuelle de 7#, par contrat devant Leroy, notaire à Mayenne, du 4 juin 1696. Le service se composait de premières et deuxièmes vêpres, matines, grand'messe et procession à la chapelle Saint-Jacques [1].

Fête de sainte Anne (26 juillet). — Une rente annuelle

(1) Chapelle de l'ancienne léproserie de Saint-Jacques, située à Mayenne, route d'Oisseau.

de $7^{\#}$ avait été léguée, pour le service de sainte Anne, par Jeanne Gentil, veuve d'Ambroise Morin, sieur de la Pitardière, devant Jean Godde, notaire, le 10 mai 1661 (1).

François Testard, sieur de Roussillon, légua par son testament une rente annuelle de 60^{s} pour l'oraison et le luminaire du jour de la fête de sainte Anne.

Fête de Notre-Dame des Anges (2 août). — Jeanne Dubois, dame de la Milcendière, lègue $4^{\#}15^{s}$ de rente annuelle pour la fondation du service de Notre-Dame des Anges, aux termes de son testament devant Pierre Letourneux, notaire, du 8 juin 1632.

Fête de Notre-Dame des Neiges (5 août). — Une rente annuelle de $6^{\#}$ fut constituée par Perrine Texier, veuve Garnier, devant Etienne Leroy, notaire, le 8 juillet 1681. Sur cette rente, $4^{\#}$ 10 devaient être employés au service de Notre-Dame des Neiges et $1^{\#}$ 10^{s} remis aux sonneurs (2).

Fête de la Transfiguration de Notre-Seigneur (6 août) (3).

Fête de l'Assomption (15 août) (4).

Fête de saint Roch (16 août) (5). La première messe en l'honneur de saint Roch fut célébrée à Saint-Martin par le curé Macé de Lestang, le 15 octobre 1588.

Fête de la Nativité de la Vierge (8 septembre). — Marie Bellailler légua $8^{\#}$ de rente annuelle pour le chapelet chanté et une messe chantée la veille de la Nativité, aux termes d'un testament devant Simon Mérienne, notaire, du 15 février 1623.

Par testament devant Letourneux, notaire, du 24 février 1635, Pierre Richer légua 48^{s} « au chapelet de la vigile de la Nativité et à la messe chantée du jour ».

Une grande oraison avait lieu le jour de cette fête.

(1) V. contrat devant René Lambert, notaire, du 28 avril 1701.

(2) V. reconnaissance devant Henri Lefebvre, notaire, du 13 juin 1706.

(3) V. *suprà*, page 70, « Fête de la Visitation ».

(4) V. *suprà*, page 69, « Fête de la Purification ».

(5) V. *suprà*, page 68, « Fête de saint Sébastien ».

Fête de saint Gourgon (9 septembre) [1].

Fête de saint François (4 octobre). — Il fut légué par Françoise Lhoste, veuve de Jean Girard, une rente annuelle de $5^{\#}$, par testament devant Lemaignen, notaire, le 7 décembre 1657, pour une grande oraison le jour de saint François et un anniversaire le lendemain.

Fête de saint Charles (4 novembre). — Catherine-Charlotte Juhier, veuve de Louis-François de Morel, « en son vivant chevalier, vicomte de Neufvillette », lègue par son testament devant Guillaume Marseul, notaire à Mayenne, du 11 septembre 1705, $10^{\#}$ de rente annuelle et perpétuelle pour un service solennel et une oraison le jour de saint Charles, « à son intention, à l'intention de ses père, mère et autres parents et amis trépassés ».

François-René Pitardière donne une rente de $27^{\#}$ 10^{s} par an pour l'office de saint Charles et autres fondations [2].

Charlotte Guihéry, veuve de Pierre Legentil, légua par son testament devant Simon Mérienne, du 26 juillet 1723, $2^{\#}$ de rente annuelle pour les matines et la grand'-messe de la fête de saint Charles.

Fête de saint Mathurin (9 novembre). — Pour remplir les intentions pieuses de Mathurine Frangeul, sa fille décédée, Françoise Nocher, veuve de Jacques Frangeul, fonde, par contrat devant Houet, notaire, le 16 avril 1734, une grande oraison avec exposition et bénédiction du Saint-Sacrement, le jour de la fête de saint Mathurin. Elle donne dans ce but une rente annuelle de $3^{\#}$ 10^{s}.

Déjà, dès le 5 mai 1689, par testament devant Etienne Leroy, notaire à Mayenne, Mathurin Lemareschal, « pieux serviteur, domestique de Monsieur de Neufvillette », demeurant au faubourg Saint-Martin, avait fait le legs de l'honoraire d'une messe à célébrer le jour de la fête

(1) V. *suprà*, page 69, « Fête de saint Sébastien ».

(2) V. Partage devant Pierre Carré, notaire, du 29 juin 1723.

de saint Mathurin. « Veult et entend le testateur, écrivait le notaire, qu'il soit dit et célébré, à toujours mais et à perpétuité, une grand'messe le jour saint Mathurin, en l'église de Saint-Martin, par chacun an, et au paiement de laquelle messe il a légué la somme de 60^{s} de rente constituée, à lui due par Jean Lhuissier ».

Fête de saint Martin (11 novembre) (1).

Fête de saint René (12 novembre) (2).

Plusieurs fondations avaient été faites pour les fêtes mobiles.

Fête du Saint-Nom de Jésus. — Jeanne de Bazogers constitue une rente de 35^{s}, par an, pour la fondation de matines doubles « le dimanche du Nom de Jésus », suivant acte du 1er janvier 1636.

Messes du Saint-Nom de Jésus. — Charlotte Guihéry, veuve de Pierre Legentil, lègue une rente de 12$^{\#}$, par an, aux termes de son testament du 26 juillet 1723, pour messe célébrée au Nom de Jésus, les seconds dimanches de chaque mois.

René Huet fonde une messe par semaine « à célébrer à l'autel du Saint Nom de Jésus, par le plus ancien prêtre de la paroisse » aux termes de son testament devant Esnault, notaire, du 12 janvier 1633.

Messes de la Vierge. — Par son testament précité, la veuve Legentil lègue 7$^{\#}$ de rente annuelle pour « sept grand'messes aux sept fêtes de la Vierge ».

Messes du Rosaire. — Jean Gautier et sa femme constituent une rente annuelle de 4$^{\#}$ 5^{s}, par acte devant Boileau, notaire, le 31 juillet 1626, pour la fondation d'une messe du Rosaire le premier dimanche de chaque mois.

Chant du Stabat. — Marie Aubert, dame de la Boë,

(1) V. *suprà*, page 70, « Fête de saint Jacques ».
(2) V. *suprà*, page 70, « Fête de saint Pierre ».

lègue une rente annuelle de 9# pour la fondation du *Stabat* à chanter le premier dimanche de chaque mois, après les vêpres, aux termes de son testament devant Julien Jarry, notaire, le 27 mars 1623 ou 1627.

Les Quarante-Heures. — Il fut constitué une rente de 15#, par an, pour la fondation des Quarante-Heures, par contrat devant Lauté, notaire, du 10 juillet 1727.

Une rente annuelle de 4# avait été donnée pour les ornements qui servaient aux Quarante-Heures (1).

L'institution des Quarante Heures dans l'église de Saint-Martin de Mayenne ne paraît pas antérieure à 1720, du moins elles n'y furent pas célébrées avec régularité auparavant. L'évêque ne les accordait que pour une ou deux années. En 1725, le curé Jacques Morin qui fut un prêtre zélé et auquel se joignit un certain nombre d'ecclésiastiques et de laïques, sollicita l'autorisation de célébrer les Quarante-Heures. La supplique fut signée de Fourneau, vicaire; M. Etigneux, prêtre ; F. Lambleux, prêtre ; J. Germain, prêtre ; L. Bourgoin, prêtre ; R. Rocher, clerc tonsuré ; P. Richard, clerc tonsuré ; F. Gestière, Morin ; Lambleux ; M. Nocher ; des Malicottes ; L. Lauté ; A. Cherbonnier ; Richard ; R. Gandais ; Morin, notaire royal ; M. Gautier ; C. Cochon ; F. Raison. La permission fut donnée pour deux ans, renouvelée pour cinq ans le 23 août 1726, puis finit par être octroyée sans restriction (2).

Fête de la Sainte-Trinité. — Il existait une rente annuelle de 4# donnée pour l'oraison de la Sainte-Trinité.

La Fête-Dieu. — Le curé de Saint-Martin, Antoine Gestière, obtint de du Bois-Motté, grand vicaire du Mans,

(1) V. Contrat devant Nicolas Lemaître, notaire, du 10 avril 1660 ; — Jugement de la Barre ducale du 7 février 1669.

(2) Le samedi, 27 septembre 1636, « on commença des Quarante-Heures pour le roi à minuit ; elles finirent le dimanche ensuivant, à quatre heures du soir. »

le 1er juin 1680, l'autorisation régulière d'exposer le Saint-Sacrement le jour de la Fête-Dieu. L'usage ancien était de faire, ce jour là, l'exposition depuis les premières vêpres jusqu'au lendemain soir. Le grand vicaire ne le maintenait qu'en partie (1).

Perrine Juhier, dame de l'Ozier, veuve de Mathieu Thoumin, légua 15# de rente annuelle pour la fondation des grandes oraisons de l'octave de la Fête-Dieu et d'un anniversaire le lendemain, par son testament devant Nicolas Lemaître, notaire, du 18 mars 1665 (2). Après chaque oraison, le clergé devait dire un *De Profundis* sur la tombe de Mathieu Thoumin, au devant de l'autel Nom de Jésus, excepté le jour du Saint-Sacrement.

Quelques fondations ont un caractère particulier.

Michel Postel et Jeanne Lalleton, sa femme, donnent pour l'achat du vin de la communion, une rente de 3s tournois, par contrat du 12 juin 1488.

Aux termes de son testament du 13 juin 1615, reçu par Jean Rouzière, notaire royal, Jean Gravier, sieur de Bas-Estre, fait le legs suivant :

« Le dict testateur a donné et, par ces présentes, donne, de rente annuelle et perpétuelle, la somme de vingt et une livres pour estre convertie et emploiée à l'entretien de la lampe posée devant le Saint-Sacrement et le grand autel de Sainct-Martin, à la charge que ladicte lampe sera allumée nuict et jour, par la diligence tant du procureur de fabrice que sacriste de ladicte église ; sur laquelle somme de vingt et une livres sera baillé et délivré aux dicts sacristes, annuellement, la somme de vingt soulz pour leur peine et vacation d'allumer et entretenir ladicte lampe allumée.

(1) Voir ci-dessus, page 68, « Fête de la Circoncision ».

(2) Voir reconnaissance de cette rente par Charlotte Juhier, veuve de Louis-François de Morel, seigneur de Neufvillette, devant Davoines, notaire, du 31 mai 1697.

« Pour la fondation et dotation de laquelle messe et vingt et une livres pour l'entretien de ladicte lampe, le dict testateur a affecté, laissé et hipothecqué sa cotingente part et portion, qui est une moitié de son lieu — closerie de la Roche-Gandon, comme le tient et exploicte Ambroys Potier, et comme l'a tenu cy-devant Jehan Ricou, moderne closier, sans rien y retenir, ny réserver, bien qu'il ne soit nullement confronté, le tout situé en ladicte paroisse de Sainct-Martin, près l'autre lieu — closerie de la Roche-Gandon, appartenant à Françoys Cornu.

« A la charge que Me Mathurin Gravier et autres chapelains de la Roche-Gandon [1] jouiront de ladicte moitié de closerie et s'y gouverneront comme un bon père de famille ; et seront tenutz et obligéz successivement de paier annuellement, au jour et feste de l'Assension Notre-Seigneur, sur le revenu de ladicte closerie, la dicte somme de vingt et une livres cy-dessus léguée pour l'entretien de ladicte lampe, entre les mains du procureur fabrical de ladicte paroisse de Sainct Martin. »

Pierre Piron, sieur de Launay, légua pour la célébration d'une messe une busse de vin, à livrer annuellement, pendant dix ans, à la fabrique de Saint-Martin.

Une rente annuelle et perpétuelle avait été léguée pour l'entretien de l'huile de la lampe de l'église, par Anne Cousin, veuve de Michel Le Pourriel, aux termes de son testament devant Payen, notaire, le 11 juin 1563.

Pierre Richer, par son testament du 24 février 1634, fonde le « chapelet chanté » de la veille de la Nativité de la Vierge.

En 1754, Madeleine Delais, veuve de René Gouger, et

(1) Mathurin Gravier fut le premier titulaire de la chapellenie, dite de la Roche-Gandon, fondée par Jean Gravier. (V. les *Chapellenies de Mayenne avant la Révolution*, pp. 97 et s.)

ses enfants donnent une rente de 20# pour l'office du Sacré-Cœur.

Une messe en l'honneur de Notre-Dame, qui était dite le samedi, avait été fondée en 1543.

On célébrait fréquemment des messes en l'honneur de saint Ortaire (1) et de saint Gorgon (2).

Des messes des Trépassés étaient dites les dimanche, lundi et mercredi de chaque semaine. Dès 1468, on célébrait une messe pour les défunts tous les lundis.

En 1727, un pieux paroissien fonda un sermon « pour entretenir la dévotion au scapulaire ».

Quantité de rentes avaient été données pour des messes et pour les confréries, ou au profit de la fabrique et du curé. Nous n'en relevons que quelques-unes fort petites, constituées en faveur de la confrérie du Saint-Sacrement. Elles nous paraîtront moins minimes si nous nous souvenons du pouvoir de l'argent à l'époque des donations.

Lefaucheux, curé de Saint-Martin, donne et lègue, par acte du 7 novembre 1573, 27s à prendre sur le lieu du Ribet, en Aron.

Michelle Morin, veuve de Julien Aubert, lègue 10s tournois de rente, par testament du 24 décembre 1557.

Jeannet Potier, demeurant « rue de Baudars » à

(1) On sait que ce saint est honoré par les goutteux, les paralytiques et en général par les personnes qui souffrent de maladies articulaires. Il existe dans la forêt de la Ferté-Macé un oratoire à saint Ortaire (V. *Souvenirs du Vieux Mayenne*, pp. 432 et 433.

(2) Saint Gorgon est honoré, tantôt comme prêtre tantôt comme soldat, en Bretagne et dans le Maine, ici le 25 août, là le 9 septembre. A Laval, on invoque le prêtre Gorgon, le 25 août, jour de la fête de Saint-Louis, pour les maux de « l'ouie ». C'est une bizarre confusion du culte de ces deux saints. On fête saint Gorgon le 9 septembre, à Fougères et à Vitré. Les notaires de Rouen avaient pris saint Gorgon pour patron. A Mayenne, les ménagères le priaient pour être favorisées par le beau temps, afin de pouvoir sécher le linge de leur lessive.

Mayenne (1), donne 10^s tournois, par son testament du 22 juin 1584.

Jeanne Frinais, veuve Leroyer, donne 5^s tournois de rente, par testament du 12 novembre 1557.

Pierre Roulland et Jeanne Georget, sa femme, donnent 3^s de rente, par acte du 15 mars 1548.

Pierre Lefaucheux de la Tricotière donne 3^s de rente, par acte du 27 novembre 1579.

Pierre Pennard lègue 5^s tournois, par testament du 19 janvier 1584.

Marin Echard et Guyonne Morice, sa femme, donnent 20^s par contrat devant Jean Rouzière, notaire, le 21 septembre 1677.

En 1543, il était servi une rente annuelle de 2^s 6^d.

La plupart de ces rentes n'étaient pas acquittées.

L'honoraire des messes n'est que de 2 et 3 sols au XVIe siècle, de 4 à 7^s au XVIIe et de 10^s au XVIIIe. On est contraint de réduire le nombre des messes fondées parce que les honoraires, acceptés à l'origine, ne sont plus assez rénumérateurs. Dans ces circonstances, les héritiers des fondateurs sont avertis pour qu'ils puissent s'opposer aux réductions projetées ou parfaire les honoraires.

Les rentes données pour les services et offices des confréries ne suffisant pas pour faire face aux frais, ces dévotions se seraient éteintes au commencement du XVIIe siècle sans le zèle pieux de Morin, alors curé de Saint-Martin. Sept prêtres de cette paroisse se joignirent à lui et signèrent l'engagement ci-après, le 12 juillet 1622, « Désirant, disaient-ils, l'amplification et accroisse- « ment de la gloire de Dieu et de la Sacrée Vierge « Marie et que les dévotes et célèbres confrairies, cano- « niquement instituées en l'église de Saint-Martin sous

(1) V. *Souvenirs du Vieux Mayenne*, p. 152.

« l'invocation du très Saint-Nom de Jésus et du Saint « Rosaire ou chapelle Notre-Dame, puissent subsister en « leur érection et le divin service maintenu, ce qui ne se « pourrait faire à l'avenir n'ayant aucune rente ou fon- « dation pour l'entretien d'icelui si tous n'y contribuent, « nous avons pieusement, en commune assemblée, avisé « ce qui ensuit : c'est à savoir que, zélés de la gloire et « amour de Dieu et de la susdite Vierge sainte, promet- « tons concordément (en cas qu'il ne se trouve fonda- « tion) assister gratis au divin service desdites confrai- « ries et célébrer annuellement, un chacun en son rang « et ordre, les messes des anniversaires qui ont accou- « tumé être célébrées pour les confrères. Et, pour le « regard des deniers qui pourraient être légués ou donnés « dans le tronc ou capsule, nous curé susdit consentons « qu'ils soient employés tant pour l'entretien du lumi- « naire qu'à l'ornement des autels dédiés auxdites con- « frairies, à la charge qu'il sera fait élection de procu- « reur non suspect pour recevoir lesdite deniers et « gérer les affaires desdites confrairies, qui rendra « compte annuellement... » L'acte relatant ces promesses fut signé par le curé Pierre Morin, Jean Letourneux, vicaire-sacriste, Simon Letourneux, sacriste, Michel Bedouet, Étienne Moreau, Pierre Guichard, Pierre Gaucher et Mathieu Bedouet « prêtres nés en la paroisse « Saint-Martin et chapelains de cette église. »

L'église possédait un orgue dès avant le milieu du XVIe siècle.

Le curé Macé de Lestang, entr'autres dispositions testamentaires, avait légué 57# pour la réparation de l'orgue.

Du 29 août au 15 octobre 1606, l'organiste Guillaume Morand travailla à sa restauration et reçut en paiement une vingtaine de livres. On envoya chercher à Fougères un sieur Neufville, organiste, « pour voir s'il n'y avait point d'abus dans l'œuvre de son confrère Morand et si les orgues étaient d'accord et les jeux complets. Le 5 juillet 1607, fête de la Saint-Martin d'été (1), Neufville fit jouer les orgues et reçut 8# 10s pour son salaire. »

Saint Martin eut pour organistes :

1663. — Pierre Morin, prêtre.

1767. — F. Esnault, prêtre.

Lorsqu'on parcourt les anciens testaments, on est frappé de la foi qu'ils révèlent de la part de leurs auteurs. Ces actes prennent souvent un caractère tout intime, deviennent presque des confessions. En présence de la mort, la crainte des châtiments éternels épouvante le moribond. Sa conscience parle plus impérieuse et, sans souci du « qu'en dira-on », il devient son propre justicier.

Michel Laurent, sieur de Launay, licencié ès-droits, avocat au siège du duché, demeurant à Saint Martin, a laissé, par son testament olographe en date du 15 décembre 1638 (2), plusieurs exemples du même genre, les uns très précis, les autres enveloppés de quelque mystère. C'était un homme de foi, mais dont la vie n'avait pas toujours été irréprochable peut-être.

Après avoir fait des legs pour les pauvres, la réparation de l'église, les Confréries du Rosaire, du Saint Nom de Jésus, du Saint-Sacrement, il ajoute :

« Je veux qu'il soit payé à Jean David, qni a demeuré à Saint-Denis ou à ses héritiers la somme de 8#, pour la décharge de ma conscience.

« Je veux qu'il soit rendu à la veuve Jean Germerie une demi pistole d'or d'Espagne qu'elle m'a baillée, dont je ne lui ai fait aucune affaire.

(1) La Saint-Martin d'été, fête anniversaire de la Consécration épiscopale de ce saint.

(2) Ce testament a dû être annexé à un acte de constitution hypothécaire reçu par René Laurent, notaire à Saint-Denis, du même jour, 15 décembre 1638.

« Je veux, pour décharger ma conscience, qu'il soit payé aux héritiers de défunt Jean Lefebvre, dans la Saint-Denis prochaine, 5^{s}.

« Je veux qu'il soit payé $30^{\#}$ à un jeune homme qui était petit-fils de Doyen de Villegerard, qui avait fiancé la fille au meunier de..., de 28 ans environ, qui avait nom Perrine Pourriel, qui est demeurant en Saint-Berthevin, pour décharge de ma conscience et ce dedans sept mois. »

« Je lègue à Madeleine Bouvier $60^{\#}$ pour aider à la marier. La somme ne lui sera versée qu'au moment de son mariage ».

Viennent ensuite quantité d'autres dispositions qui seraient presque toutes à citer :

Michel Laurent a un neveu, Guillaume Perrier, qui se destine à la prêtrise, et le don particulier qu'il lui fait nous paraît infime aujourd'hui. Il lui lègue l'un de ses manteaux, « à la charge, par le temps d'un an, d'aller dire ses heures devant Notre-Dame de Pitié, à la grande chapelle (l'une des chapelles de l'église Saint-Martin). S'il entre dans le sacerdoce, il lui sera remis, toutefois et quantes il ira quérir les trois derniers ordres, et à chaque fois, cent sols ».

La coutume des voyages pieux à quelque chapelle s'est continuée jusqu'à notre époque. Elle était fort en usage autrefois. Laurent donne à sa garde-malade, Françoise, 50^{s}, « à la charge qu'elle ira à Saint-Léonard [1], en voyage, par neuf matins à son intention ».

Il n'était pas rare de voir des Mayennais partir pour se rendre aux lieux de pèlerinage, même les plus lointains, à Rome, à Saint-Jacques-de-Compostelle, à Lorette, à Einsideln, etc. De soi-disant pèlerins s'étaient permis

(1) Saint-Léonard, chapelle située au lieu de ce nom, près de Mayenne. (V. *Excursion à la Chapelle de la Vallée*, p. 9).

dans leurs voyages des écarts tels que par mesure générale on avait dû les défendre. Des habitants de notre pays auraient-ils causé quelques scandales au cours de leurs pérégrinations ? La lettre suivante écrite le 24 octobre 1769 par l'intendant de Touraine aux officiers de la Barre ducale de Mayenne le laisserait supposer :

« Il est revenu, Messieurs, depuis quelque temps, beaucoup de plaintes au roi sur les abus occasionnés par les pèlerinages hors du royaume. Le feu roi y avait pourvu par une déclaration du 7 janvier 1686, mais soit que les dispositions de cette déclaration aient été perdues de vue, soit que l'on l'ait regardée comme tombée en dessuétude, il paraît que l'on s'est entièrement ralenti sur son exécution et que les officiers de justice et ceux des corps de ville se sont permis de donner des certificats à ceux qui veulent entreprendre ces pèlerinages. Pour remettre à cet égard les choses au point où elles auraient dû toujours rester, sa Majesté m'a chargé de vous envoyer des exemplaires de la déclaration du 7 janvier 1686 et de vous faire savoir que son intention est qu'elle soit littéralement exécutée et que vous vous absteniez pour l'avenir de donner aucuns certificats pour autoriser les pèlerinages.

« Je suis avec la plus parfaite considération, Messieurs, votre très humble et très obéissant serviteur ».

Signé : de Cluzet.

On était loin du temps où les magistrats condamnaient les justiciables à faire des pèlerinages aux Lieux Saints ou à Saint-Jacques en Galice (1).

(1) Pour punir les habitants de Bruges du massacre des français (Matines de Bruges), Philippe-le-Bel imposa, par le traité d'Athis-sur-Orge, le pèlerinage aux Lieux Saints de 3.000 bourgeois. Il est vrai que cette obligation fut plus tard changée en une amende de 300.000 #. Le roi avait trouvé plus avantageux cette conversion en faveur du trésor royal. (Voir *Les pèlerinages judiciaires au Moyen-Age*, par M. Berlière, dans la Revue Bénédictine, 1890. — *L'Ancienne Roche-sur-Yon et la Vieille Vendée*, par A. Baraud).

Si les testateurs furent animés de sentiments de piété, les héritiers cherchèrent souvent à se soustraire aux obligations qui leur étaient imposées, et l'on devait même recourir à la voie des monitoires pour obtenir d'eux satisfaction.

En 1655, Pierre Morin, prêtre, procureur des confréries du Saint-Sacrement, du Saint-Nom de Jésus et du Rosaire, en l'église de Saint-Martin de Mayenne, et François Saiget, procureur de la fabrique, se plaignirent à l'officialité « que des malfaiteurs faisaient perdre le bien de l'Eglise, refusaient de payer les rentes dues aux confréries et à la fabrique par acquêts, dons, legs ou autrement, en retenaient les titres par devers eux, avaient fait des amortissements sans paiements, supprimé des titres et des contrats pour arriver à ce résultat, et converti le bien de l'Eglise en autres dettes à leur profit particulier ». Lair, official du Mans, accorda un monitoire le 5 février 1656, pour arriver au recouvrement des pièces soustraites et à l'acquit des rentes.

Deux chapellenies étaient desservies dans l'église de Saint-Martin. La première portait le nom de la Mule et avait été fondée par Guillaume Baseille et Renée Girard, sa femme, « qui désiraient honorer Dieu et la sainte Eglise autant qu'il leur était possible, et en reconnaissance des biens qu'ils avaient reçus de sa part », ainsi qu'il appert d'une donation passée devant Pierre Letourneux, notaire à Mayenne, le 7 mai 1648 (1). La seconde chapellenie, connue sous les noms de « Chapelle des Rolland, chapelle de la Monnerie, chapelle de Saint-Michel de la Monnerie », fut dotée par Françoise Couasnon, veuve de Jean Rolland, seigneur de Beauchesne, en exécution

(1) V. *Les chapellenies de Mayenne avant la Révolution*, page 120. La chapellenie de la Mule eut pour premier titulaire Jean Le Tourneux, le jeune, prêtre, demeurant à Saint-Martin de Mayenne.

des volontés de leur tante, Roberde Rolland, ainsi qu'il résulte d'un acte reçu par Amy, notaire à Mayenne, le 16 novembre 1521. Les messes de cette chapellenie étaient célébrées à l'autel où était d'ancienneté l'image de Monsieur Saint-Michel » (1).

Quelques communautés d'artisans fêtent leur saint patron à Saint-Martin.

Avant la Révolution, il n'existait pas à proprement parler de corporation à Mayenne, sauf celle des perruquiers.

La communauté des tissiers avait pour patron saint Bonaventure (2), cardinal, évêque, docteur de l'Eglise au XIIIe siècle. Sa fête se célébrait le 4 juillet. Cette communauté était distincte de celle de Notre-Dame qui avait le même patron.

Une rente annuelle de 30s était due par Jean et Michel Garnier et autres pour le service de saint Bonaventure, comme il appert d'un contrat devant Godde, notaire, du 22 décembre 1671.

Guillaume Chantel, marchand tissier, constitua par son testament du 30 août 1727 une rente de 7# pour deux grandes oraisons aux jours des fêtes de saint Bonaventure et de saint Guillaume et exprima le désir que le Saint-Sacrement fût exposé à ces oraisons. Sa veuve, Marie Douillet, les ecclésiastiques et les paroissiens sollicitèrent de l'évêque cette faveur qui leur fut accordée le 3 janvier 1728.

Jacques Letourneux, sieur de la Boë, constitua une rente annuelle de 3# 10s, dont 3# pour le service du lendemain de la fête de saint Bonaventure et 10s pour

(1) V. *Souvenirs du Vieux-Mayenne*, pp. 204 et s.

(2) Ce saint doit son nom à saint François d'Assise qui le guérit d'une maladie grave dans sa jeunesse. Présageant, à la vue du charme angélique de l'enfant, ce qu'il serait plus tard, il s'écria : « buona ventura, ô bonne aventure ! »

le luminaire et les ornements, suivant contrat du 14 août 1676, devant Leroy, notaire.

La communauté des tissiers avait pour armoiries : « d'argent à une botte de chanvre de sinople ».

Les maîtres maréchaux constituèrent $3^{\#}$ de rente annuelle pour un service le 25 juin, jour de la fête de Saint-Eloi, leur patron, par contrat devant Leroy, notaire, en date du 24 mars 1695. Une autre rente de $4^{\#}$ fut donnée par eux dans le même but, aux termes d'un contrat devant Guesnerie, notaire, le 26 octobre 1700 (1). Le service consistait en un répons la veille, matines, grand'messe, vêpres, grande oraison.

Les marchands lainiers, marchands de draps de laine, sargers et écardeurs, s'engagèrent au paiement de $6^{\#}$ 5^{s} de rente annuelle pour la célébration d'un office solennel le jour de la Saint-Blaise (3 février), par contrat devant Jean Godde, notaire, du 29 juillet 1670. Cet office comprenait matines à neuf leçons et laudes, une grand' messe et vêpres, « le tout avec chapes et tuniques et carillon des cloches ». On devait aussi carillonner la veille et chanter un répons devant l'image de saint Blaise (2).

Des services solennels étaient célébrés à Saint-Martin à la demande :

1° Des officiers de l'Election de Mayenne, le jour saint Yves (19 mai). Ils avaient pour armoiries : « D'azur à deux plumes à écrire d'argent, passées en sautoir ». Ce service coûtait $18^{\#}$.

2° Des marchands bouchers, le jour de la Saint-Barthélemy (24 août). En 1625, ils payait $7^{\#}$ pour le service.

3° Des cordonniers le jour des saints Crespin et Cres-

(1) V. reconnaissance par Jacques et Michel Chantereau, du 31 mars 1728 ; — Reconnaissance par Jacques Théreault et Renée Rouzière, sa femme, du 3 novembre 1730.

(2) V. acte de constitution de rente devant Mesnage, notaire à Mayenne, du 17 février 1682.

pinien (25 octobre). Le service était payé 6# en 1729. Il leur avait été donné pour armoiries : « D'argent à deux souliers de sable ».

4° Des marchands tailleurs, le jour de la Sainte-Trinité (8 septembre). Ils dépensaient 4# pour le service.

Toutes les permissions d'exposer le Saint-Sacrement furent retirées par l'évêque le 8 mai 1729, mais le 23 octobre 1734, Barbeu du Bourg, curé de Saint-Martin, en obtint l'autorisation générale, même pour le jour des fêtes des saints patrons de particuliers ou de communautés ». Il avait fait valoir que des oraisons avaient été fondées pour la plupart de ces fêtes.

Le clergé et les habitants de Saint-Martin durent pourtant solliciter de nouveau l'exposition du Saint-Sacrement en 1739 ; l'évêque répondit à leur requête « en son château d'Yvré », le 12 août de la même année, en l'accordant, mais seulement pour la Circoncision, la Translation de saint Julien, les fêtes de saint Jacques, de saint Martin, la Fête-Dieu, son octave, et les Quarante-Heures.

Les associations de corps, de communautés, d'abord de dévotion, devinrent trop souvent des occasions de grandes ripailles et de propos parfois fort grivois. Il nous reste dans le pays ces expressions ou d'autres équivalentes : « Nous sommes de frarie » pour « nous sommes de la fête et du repas. » — « Il est de la frarie de saint Fausset », expression qui s'entend de deux manières, — pour « il est de la société des hypocrites » ou « il est de ceux qui ont le culte du fausset du tonneau. » Une ordonnance de Charles IX, dite de Moulins, du mois de février 1566, interdisait « les confrairies, assemblées et banquets accoutumés pour bâtons (de confréries) et autres choses semblables ».

Un annaliste de l'église de Saint-Martin dit à tort que

les deux paroisses de Mayenne se réunissaient pour les processions de la Fête-Dieu; elles ne se groupèrent jamais qu'accidentellement. Il fait la description suivante du cortège, en copiant presque textuellement l'Histoire des seigneurs de Mayenne (1) :

« La procession de la Fête-Dieu était, dit-il, très célèbre et, de bien loin à la ronde, on y accourait.

« Voici ce qui s'y observait :

« Après les deux bannières, marchaient deux personnes représentant Adam et Eve, au milieu desquelles on portait un petit arbre chargé de pommes, mais de pommes magnifiques et qui tentaient tout le monde. C'étaient bien de vraies pommes de paradis terrestre, et aucune femme n'était plus surprise de la désobéissance de la pauvre Eve. Hélas, disaient-elles, nous en aurions bien fait autant. Autour du pommier était la figure d'un serpent.

« Venaient les patriarches et les prophètes, vêtus de soutanes et manteaux de différentes couleurs, avec de grandes barbes et des perruques ; chacun, afin d'être mieux connu dans son rôle, avait sur le dos un écriteau du nom du personnage qu'il représentait. Ainsi on y lisait : Abraham, Isaac, Jacob, Moïse, Isaïe, Jérémie, etc.; leur nombre était fini par saint Jean-Baptiste, couvert d'une peau de chameau et portant un agneau.

« Après eux venaient les rois descendus de Jessé, comme David, Salomon, etc., habillés magnifiquement, la couronne sur la tête et le sceptre à la main. Ils étaient suivis de leur père Jessé, pauvre vieillard qui avait une longue chevelure blanche.

« Arrivaient alors les apôtres de Jésus-Christ ; et, pour les distinguer, saint Pierre portait une clef, saint

(1) V. L'*Histoire des Seigneurs de Mayenne*, par Guyard de la Fosse pages 169 et 170.

Paul une épée, saint André une croix, saint Jacques un bourdon, saint Jean l'Evangeliste un calice, etc.

« On remarquait après eux un grand nombre de jeunes filles, représentant les vierges.

« Continuaient des groupes de petits enfants habillés en anges, avec des fleurs qu'ils parsemaient devant le Saint-Sacrement ; quantité d'autres, vêtus en bergers et bergères, portaient des houlettes ornées de rubans.

« Pendant que le Saint-Sacrement était placé au milieu du grand cimetière sur un reposoir, la plupart de ces personnages déclamaient quelques vers français adaptés autant que possible aux personnages qu'elles représentaient.

« Tous contribuaient à faire faire une torche de cire, où était représenté, en relief et en grandes figures, un trait de l'Ancien ou du Nouveau Testament, qui était différent toutes les années.

« Les acteurs, pris dans toutes les classes de la société, étaient des bourgeois et des artisans de l'un et de l'autre sexe, la plupart mariés ; ils formaient une espèce de confrérie dont on a réuni plus tard les rentes à la confrérie du Saint-Sacrement. »

Ces représentations, un peu grotesques, qui dans le principe avaient été suggérées par la piété tendre et naïve de nos bons ancêtres, dégénérèrent en bouffonneries et en trivialités difficiles à supporter.

Des missionnaires déclamèrent fortement, en 1660, contre ces exhibitions, et le cortège fut supprimé.

Même avant 1660 bon nombre des personnages de la procession n'y figuraient déjà plus, Nous lisons dans une note de Legros, curé de Notre-Dame : « En l'année 1656, l'on est allé faire station dans l'église des Dames du Calvaire ; il n'y a point eu d'apôtres, ni telles gens habillés en prophètes ; en 1657 pareillement ».

Le tableau ci-après de l'ordre qu'on observait à la procession de Notre-Dame suffit à établir qu'elle était faite séparément.

« Ordre et arrangement de la procession du Saint-Sacrement, à commencer par ceux qui sont en tête et parvenir au dais :

« Pendant qu'on chantera prime et tierce à six heures et demie, messieurs les sacristes préposés pour conduire la procession et veiller sur son bon ordre, l'un à la tête et l'autre dans le centre, feront d'abord arranger et défiler dans la rue jusqu'au bas du parvis à peu près, afin de n'être point retardé pour la partie[1] de la procession.

« 1° Les tambours et fifres ou hautbois, en tête, avec la troupe des fusilliers.

« 2° Les porte-bannières.

« 3° Les bedeaux.

« 4° Le porte petite croix et le porte petit bâton du Saint-Sacrement.

« 5° La troupe des basses et violons, s'il s'en trouve, autres que ceux qui sont mêlés parmi le clergé pour seconder dans le chant.

« 6° Les écoliers, ayant un cierge à la main.

« 7° Les RR. PP. Capucins.

« 8° Le porte grande croix et le porte grand bâton du Saint-Sacrement.

« 9° Le clergé en chapes et devant les laïques chapés, avec les violoneux et autres instruments résonnants.

« 10° Enfin deux tuniquaires et deux prêtres en chasuble, devant le dais, et deux autres tuniquaires et deux prêtres en chasuble, derrière le Saint-Sacrement, — ces deux tuniquaires à côté du célébrant et les deux prêtres derrière.

« Tous auront soin de laisser une distance de cinq à

(1) La partie c'est-à-dire « le départ ».

six pieds entre eux, parce qu'il est contre la bonne grâce qu'ils soient trop près les uns des autres, que d'ailleurs la procession paraît bien davantage par cette distance et que de plus on n'est pas exposé par là à s'incommoder les uns les autres.

« Ceux qui veilleront sur le bon ordre de la procession auront soin de faire partir ceux qui sont en tête à chaque reposoir, pendant l'oraison du célébrant, pour ne pas retarder la marche.

« Tous messieurs les ecclésiastiques, surtout les officiers qui doivent être en aubes et tuniques et approcher du Saint-Sacrement sont exhortés à se rendre à l'église à six heures et demie, fin de la sonnerie, pour s'habiller, afin de ne point retarder la partie de la procession et qu'on puisse descendre tous ensemble de la sacristie, et qu'enfin on finisse l'office de façon que chacun puisse se retirer chez lui de bonne heure, pour prendre sa réfection et pourvoir à ses affaires domestiques et autres embarras indispensables, ce qui procurera un intervalle suffisant entre les différens offices ».

L'église de Saint-Martin possédait autrefois des reliques de saint Urbain, de sainte Benoiste, de saint Didier, de saint Fortunat, de saint Simplice, de sainte Urbaine et de sainte Clémence.

Les reliques de saint Urbain et de sainte Benoiste se composaient d'os de la jambe, avec un authentique du 4 octobre 1734.

Les reliques des saints martyrs Fortunat, Simplice, Urbaine et Clémence, données par Davoust, de Mayenne, provenaient du cimetière ciriaque à Rome [1] ; il y était

(1) Ce nom fut donné à un champ, situé à Rome sur la voie Tiburbine, qu'avait offert saint Cyriaque pour la sépulture des chrétiens. Saint Laurent y fut inhumé.

joint un authentique de Ferdinand Marie « de Rubeis » patriarche de Constantinople, du 10 avril 1759.

Une relique se composant d'os de Saint-Martin, évêque était accompagnée d'un authentique délivré à Rome par frère Nicolas-Angèle-Marie Landini de l'ordre des Ermites de Saint-Augustin, évêque de Porphyre, le 4 mai 1776.

On réunit dans deux reliquaires en bois doré, ensemble les reliques des saints Fortunat et Simplice, ensemble celles des saintes Clémence et Urbaine. Le curé les plaça sur l'autel dédié au Sacré-Cœur ou au Saint-Nom de Jésus. L'un de ces autels dut être appelé communément « autel des Reliques ». Une cérémonie de translation eut lieu le 17 juillet 1774. Le clergé alla chercher processionnellement les reliques au presbytère avant la grand'messe et elles furent déposées sur l'autel au chant du « Te Deum » et au son des cloches.

Il y avait aussi à Saint-Martin, à la même époque, une relique de la vraie Croix.

Lefebvre de Cheverus, curé de Notre-Dame de Mayenne, doyen rural du doyenné de Mayenne, possédait un reliquaire qui renfermait du bois de la vraie Croix, des os des apôtres Pierre, André, Thomas, Jacques le Majeur, Philippe, Jacques le Mineur, Mathieu, Mathias, Simon et Thadée et des vêtements de saint Jean, apôtre et évangéliste. Dans le but de présenter publiquement ces reliques à la vénération des fidèles, il en demanda l'autorisation à Jouffroy de Gonssans, évêque du Mans. Elle fut accordée le 18 mars 1786, après examen de la « theca argentea ovalis » qui renfermait les reliques. Le curé de Notre-Dame se proposait de laisser à sa paroisse ces nombreuses reliques, mais la Révolution survint avant qu'il eût mis son projet à exécution ; le reliquaire conservé dans sa famille fut donné plus tard à l'église Saint-Martin. En 1809, Nicolas-Vital, curé de Saint-Martin, plaça ces reliques dans la croix en cuivre argenté on elles sont aujourd'hui. Voici en quels termes, il raconte le fait : « Monseigneur de Pidoll, évêque du Mans, fit « envelopper d'un morceau de soie rouge l'authenti- « que de Rome qui certifie l'authenticité des reliques « de la Sainte Croix et des Saints Apôtres, qui sont réu- « nies au reliquaire, fit déposer ledit authentique dans « l'espace de la croix même et, après en avoir fermé lui- « même la vitre, il fit poser en sa présence son sceau « en différents endroits, ce que moi certifie véritable.

« A Mayenne, vingt-trois juillet mil huit cent neuf.

Signé : « Vital, curé de Saint-Martin de Mayenne. »

L'église de Saint-Martin possède actuellement :

Les reliques des saints Fortunat, Simplice, Urbaine et Clémence, de Saint-Martin de Tours et des douze apôtres.

Un os du crâne de saint Théodore.

Un os de la cuisse de saint Severin et de la cuisse de saint Martial, martyrs. Ces deux reliques furent apportées de Rome, quelques années avant la Révolution, par Michel-Joseph Toumin des Vauxponts, vicaire général et archidiacre de Dol.

Des reliques de la vraie croix et des saints Laurent, François de Paule, Antoine, Sébastien, Grégoire, Bonaventure et Bernard.

Toutes ces reliques ont été reconnues authentiques par Le Hardy du Marais et Geay, évêques de Laval.

En 1897, le reliquaire qui renfermait du bois de la vraie croix et des reliques des apôtres a été ouvert. La relique de la vraie croix a été placée dans un médaillon et celles des apôtres ensemble dans un autre. Le décret de la Congrégation des Rites du 18 février 1843 défend en effet qu'on réunisse les reliques de la vraie croix à celles des Saints.

CHAPITRE V

CONFRÉRIES DE SAINT-JACQUES, DU SAINT-SACREMENT, DU ROSAIRE, DU SCAPULAIRE, DU SAINT-NOM DE JÉSUS, DU SACRÉ-CŒUR, DE SAINTE ANNE, DE SAINT SÉBASTIEN ET DES TRÉPASSÉS. — LES PROCUREURS DES CONFRÉRIES.

Les confréries de Saint-Martin étaient nombreuses. On ne possède de renseignements que sur quelques-unes.

L'érection de la confrérie des pèlerins de Saint-Jacques fut sollicitée du Pape par une supplique, en date à Mayenne du 2 novembre 1701, que signèrent un grand nombre d'habitants de Saint-Martin, dont les noms suivent : Jacques Morin, curé de la paroisse ; Julien Foucault ; Pierre Coupart ; André Gautier ; Marin Houp ; Michel Etigneux ; Pierre Lelouable ; Pierre Salin et François Guyot, tous prêtres ; — Jean Etigneux, sous-diacre ; — François Barré et René Rocher, clercs tonsurés ; — Joly, aumônier de l'Hôtel-Dieu ; — J. Morice, procureur fabricier ; J. Letourneux ; Lambleux ; Guesnerie, notaire royal et procureur syndic ; Laigneau ; Oger ; Gouyer ; Pineau ; Drouet ; M. Lair ; G. Dutertre ; R. Cherbonnier ; J. Lambleux ; Morin ; F. Cherbonnier ; Barbault ; Picard ; Juhier ; M. Rouzière ; Jean Létard ; Ambroise Grappray ; Jean Rouzière ; P. Mancion ; G. Bordeaux ; Jérémie Sainte-Croix ; F. Hardy ; M. Nocher ; Gilles Beaumont ; Accard ; R. Coulon ; Veilpeau ; Frangeul ; Jacques Lebreton ; Jacques Ribot ; Leroux ; René Rocher ; J. Bréhard ; Adrien Heuzé ;

Antoine Deplacé ; R. Portais ; R. Turcan ; Mathilde Chaier ; Guillaume Etigoust ; F. Neveu ; Michel Brault et plusieurs autres.

La requête des habitants de Saint-Martin fut écoutée. Une bulle du Pape érigea en 1702, dans l'église paroissiale de Saint-Martin, la confrérie des pèlerins de Saint-Jacques. La traduction que nous en donnons est la reproduction de celle qui fut imprimée alors chez Ambroise Isambard, imprimeur de l'évêché au Mans :

« Clément XI, évêque, serviteur des serviteurs de Dieu à tous les fidèles que ces présentes verront, salut et bénédiction apostoliques. — Considérant avec attention la faiblesse de votre nature, le sort et l'inconstance des hommes, la pénétration et la sévérité des jugements de Dieu, Nous nous appliquons sans cesse aux moyens les plus efficaces pour les engager à penser à tâcher d'obtenir la rémission de leurs péchés et à se rendre dignes de posséder un jour la gloire éternelle.

« C'est pour cette raison qu'ayant appris que dans l'église paroissiale du faubourg St-Martin de Mayenne, diocèse du Mans, on avait érigé ou prétendait ériger et canoniquement établir, avec la permission de l'ordinaire du lieu, une pieuse et dévote confrérie des fidèles de l'un et de l'autre sexe, sous le titre de saint Jacques de Compostelle, en l'honneur et à la gloire du Dieu Tout-Puissant, pour le salut des âmes et le soulagement du prochain, sans être bornée à des personnes d'une profession particulière, dont les confrères et nos enfants bien aimés ont de coutume ou le dessein de s'appliquer à la pratique de quantité d'œuvres de piété, de miséricorde et de charité ; pour contribuer à un si juste désir et à l'accroissement de cette confrérie, en maintenir les confrères dans l'exercice de tant de bonnes œuvres, les animer de plus en plus à les pratiquer à l'avenir, inviter le reste des fidèles à s'y faire inscrire, rendre cette église plus célèbre et lui attirer le concours, le respect et la vénération des peuples,

« Nous appuyant sur la miséricorde du Tout-Puissant et sur l'autorité des bienheureux apôtres Pierre et Paul, en vertu de celle qu'il nous a confiée, nous donnons et accordons une indulgence plénière, absolution et remission de leurs péchés, à tous et chacun des fidèles de l'un et de l'autre sexe, qui dûment contrits, confessés et communiés, entreront et seront reçus en ladite confrérie, le premier jour de leur entrée et réception, et aux confrères et sœurs qui là, partout où ils décèdent, étant pareillement confessés et communiés, s'il est possible, ou pour le moins contrits de leurs péchés, invoqueront de cœur, s'ils ne le peuvent de bouche, le saint nom de Jésus à l'article de la mort ou donneront quelques signes de repentance, comme aussi aux confrères et sœurs qui, après leurs confession et communion, le jour de la fête principale de cette confrérie qui sera par eux choisi et approuvé par l'évêque, sans pouvoir être changé ensuite ni mis au dimanche de Pâques, visiteront avec dévotion, depuis les premières vêpres jusqu'au soleil couché, une fois l'an, ladite église Saint-Martin en la chapelle ou l'autel de ladite confrairie et y prieront Dieu dévotement pour l'exaltation de notre mère la Sainte Eglise, l'extirpation des hérésies, la conversion des hérétiques et infidèles, la réunion, la concorde et l'entretien de la paix entre les princes chrétiens, la conservation et le salut du pape qui tiendra pour lors le Saint Siège.

« Nous accordons en outre aux dits confrères et sœurs qui, contrits, confessés et communiés, visiteront chaque année, dans la même église, ladite chapelle ou autel à quatre autres jours, soit fériaux, fêtes ou dimanches, hors celui de Pâques, qui seront par eux choisis et approuvés de l'ordinaire, sans jamais pouvoir être changés après leur choix et son approbation, depuis les premières vêpres jusqu'au soleil couchant de chacun de ces quatre jours et là prieront comme dessus, sept années et sept quarantaines.

« Et finalement Nous leur relâchons encore, à perpetuité, et remettons miséricordieusement en notre Seigneur, aux susdits confrères et sœurs soixante jours des pénitences qui leurs seraient enjointes ou qu'ils seraient obligés en quelque manière que ce fut d'accomplir, autant de fois qu'ils assisteront aux messes ou autres offices divins, qui seront célébrés en ladite église suivant leur coutume, ou aux assemblées soit publiques, soit particulières de ladite confrairie pour l'exécution de quelqu'œuvre de piété, aux processions ordinaires ou extraordinaires tant d'icelle qu'autres, quelles qu'elles soient, approuvées ou permises de l'évêque, où se trouveront charitablement à la sépulture des défunts ou accompagneront le Saint-Sacrement de l'autel quand on le porte à quelque malade, ou, s'ils ne le peuvent, diront pour lui un *Pater* et un *Ave Maria* à genoux, lorsqu'on sonnera la cloche à cet effet, ou qui se réconcilieront avec leurs ennemis ou procureront la réconciliation et la paix entre les autres, ou réciteront cinq fois l'oraison dominicale et la salutation angélique pour le repos des âmes des confrères de la dite confrérie décédés en la paix du seigneur ou remettront quelque devoyé dans le chemin du salut, enseigneront les commandements de Dieu ou autres choses nécessaires à ceux qui les ignorent, visiteront les malades, les consoleront dans leur affection, logeront les pauvres pèlerins, les assisteront de leurs aumônes et de leurs services ou qui pratiqueront quelques œuvres de miséricorde soit spirituelles soit corporelles, en vertu des présentes que nous leur accordons pour le temps à venir et à perpétuité.

« Nous voulons, en outre, que — si cette confrérie est déjà ou l'était ci-après agrégée à quelque archi-confraternité ou que pour autre raison ou sujet, elle y fut unie pour en gagner les indulgences ou y participer, ou qu'on l'établit autrement de quelque manière que ce fut, — les bulles précédentes ou autres obtenues à cette fin n'aient plus aucun effet et soient annulées par ces présentes ; ou que, — si à raison de ce que dessus ou autrement nous avions accordé aux susdits confrères d'autres indulgences, soit à perpétuité pour un temps non expiré, — ces présentes soient nulles et de nulle conséquence.

« Donné à Saint-Pierre de Rome, aux ides de juin, l'an de l'incarnation de Notre-Seigneur mil sept cent deux et de notre pontifical le deuxième.

« En l'original de laquelle bulle sont signés, *gratis pro Deo*, M. Placentius, J. d'Estember, J. Champanius, A. de Magistris, Jul. Palavicinus, Cyhl. Massunius, B. Rapperierius. — *Gratis pro Deo*, R. Paulinus,

« Sur le repli : « Visa, L. Segardus, S. Renault 4124.

« Registré au dos, à la chambre apostolique par Anthonius Petrucius et scellées en plomb et cordon de soie, en repli.

Et plus bas :

« Louis de Lavergne-Montenard de Tressan, par la grâce de Dieu et ordination apostolique évêque du Mans, conseiller du roi en ses conseils, à tous ceux qui ces présentes verront, salut en Notre-Seigneur. Savoir faisons qu'ayant vu et examiné la bulle des indulgences ci-dessus accordées aux confrères de Saint-Jacques, en l'église paroissiale de Mayenne et autres circonvoisines, nous l'avons approuvée, permise, et permettons, par ces présentes, de l'imprimer et publier, et assigner les fêtes de saint Julien, de l'Ascension, de Saint-Mathieu et de Saint-Martin pour gagner les indulgences y contenues, aux quatre jours que nous devions y désigner.

« Permettons aussi l'exposition du Saint-Sacrement pendant la messe, les vêpres et le salut, seulement les jours de Saint-Jacques, patron de la confrérie, et de Saint-Martin, patron de ladite église.

Donné au Mans, le vingt-sixième d'octobre, l'an de Notre-Seigneur mil sept cent deux.

Signé : Louis, évêque du Mans,

Et plus bas : « De mandato illustrissimi et reverendissimi domini cœnomanensis episcopi ».

Signé : Le Marchand avec paraphe.

Le parchemin sur lequel l'orignal de cette bulle est écrite a été enduit d'une substance destinée à le blanchir, que l'humidité et le frottement ont enlevée çà et là en emportant un grand nombre de lettres et même des mots entiers.

Aux bienfaiteurs de la confrérie de saint Jacques il convient d'ajouter le nom de « Guillaume Estigoust, serviteur domestique de Nicolas de la Motte, sieur de Beauvais, élu en l'Election de Mayenne », qui, par acte devant Michel Guesnerie, notaire à Mayenne, du 22 octobre 1702, « déclara que, pour la vénération et dévotion qu'il avait toujours eues pour le glorieux apôtre saint Jacques et pour faciliter l'obtention de la bulle du Saint Père le Pape, il donnait une rente annuelle de 110 sols ; attendu que la fondation faite par les pèlerins, se montant à 7#, n'était pas suffisante ».

Confrérie du Saint-Sacrement.— La confrérie du Saint-Sacrement fut établie en 1617. Une bulle, donnée à Rome, à Sainte-Marie Majeure, le jour des kalendes de décembre 1617, par le pape Paul V, dans la 13e année de son pontificat, nous assure de son existence. La substance avec laquelle le parchemin de cette pièce a été blanchi et l'humidité qui l'a atteint l'ont effrité dans plusieurs endroits et détruit nombre de mots ; en plus la peau a été coupée dans les cassures des plis. La reproduction de ce document présenterait de grandes lacunes et nous ne l'essayons pas. Voici les termes du visa de l'évêché du Mans : « Visa per nos vicarium generalem subsignatum bulla indulgentarium supra scripta. Ipsam laudavimus et approbavimus, illiusque publicationem juxta suas tenorem et formam permittimus et permissimus. Datum Cænomani die decimâ octavâ mensis maii anno Domini millesimo sexagentesimo decimo octavo. *Signé :* N... ».

Les membres de cette confrérie étaient extrêment nombreux.

Elle possédait beaucoup de petites rentes. Dans l'année de son établissement, Charles Gorret lui donna « deux chopinettes d'argent doré avec l'étui de cuir pour les mettre, à la charge de les faire servir à la fête et pendant l'octave de la Fête-Dieu et aux fêtes solennelles ». Cette donation fit l'objet d'un contrat devant Lemoulnier, notaire à Mayenne.

Quelques femmes offraient des bijoux à la confrérie. En 1755, on en vendit pour 360#.

La confrérie du Saint-Sacrement existait, de fait, bien avant 1617, date de la bulle d'érection dont nous venons de parler, car nous trouvons qu'en 1572, le bâton de cette confrérie fut « racoustré et recollé par Me Jehan Vengeant ».

Confrérie du Rosaire. — Un registre servant à l'inscription des membres défunts de la confrérie du Rosaire, commencé en 1787, porte la mention suivante :

« D'après les anciens registres, l'institution de cette confrérie remonte jusqu'en 1565, laquelle fut faite, après les formalités ordinaires, par le père Touchard, missionnaire de l'Ordre de Saint-Dominique. »

Cette note ne paraît pas erronée. La dévotion du chapelet existait de vieille date à Saint-Martin ; on trouve qu'il y avait dans la paroisse au XVIIe siècle une confrérie du scapulaire. De plus, le rédacteur du diplôme d'érection, du 17 mai 1618, dont nous donnons le texte ci-après, écrit : « Nous établissons, érigeons et, par même moyen, *confirmons* la sainte et dévote confrérie de Notre-Dame en la susdite église de Saint-Martin... », ce qui indique bien l'existence antérieure de cette confrérie.

Quoi qu'il en soit, en 1617 ou au commencement de 1618 les curés, vicaires, sacristes, chapelains et habitants de la paroisse demandèrent à l'évêque du Mans l'érection de la confrérie du Saint-Rosaire. « Ils vous remontrent, disaient-ils, qu'il n'y a pas de confrérie du dit Rosaire plus près de la dite paroisse Saint-Martin que de trois à quatre lieues, ce qui fait que plusieurs personnes valétudinaires, femmes grosses et autres indigents ne peuvent, à cause de la longitude et trop grande distance du chemin, visiter les lieux destinés au service susdit, à cette fin et partant sont privés d'un tel bénéfice » (1).

Cette supplique porte seulement neuf signatures, qui paraissent toutes de prêtres de Saint-Martin, parmi lesquelles nous remarquons celles de Bédouet, Letourneux, Moreau, Guichard, Pernier et Rigault.

L'institution du Rosaire fut accordée, et Michel Baudoux, vicaire général de la Congrégation des Frères Prêcheurs de France, délivra à Saint-Martin les lettres d'érection dont nous donnons le texte :

« Institution de la sainte et célèbre confrérie du

(1) La confrérie du Rosaire de Jublains, la plus voisine de Mayenne, ne fut érigée qu'après celle de Saint-Martin.

Saint-Rosaire et chapelet Notre-Dame, en l'église Saint-Martin de Mayenne.

« A très humbles et dévotes personnes les curés, vicaires, chapelains et habitants de la paroisse Saint-Martin de Mayenne, salut :

« Nous, Frère Michel Baudoux, docteur en théologie, vicaire général de la Congrégation des Frères-Prêcheurs en France.

« Ayant vu votre humble requête tendant à installer et confirmer la sainte et célèbre confrérie du Saint-Rosaire et chapelet Notre-Dame en ladite église Saint-Martin de Mayenne, pour l'avancement de la gloire de Dieu, l'honneur de la Vierge et salut des âmes.

« Avons très volontiers consenti à votre demande et, par ces présentes, de l'autorité du Général du dit Ordre et de la nôtre, établissons, érigeons et, par même moyen, confirmons la sainte et dévote confrérie de Notre-Dame du Chapelet ou Rosaire en la susdite église de Saint-Martin de Mayenne, avec toutes les grâces, privilèges et indulgences concédés à toutes les autres églises èsquelles elle est canoniquement établie, et ce au nom du Père, du Fils et du Saint-Esprit. Amen.

« Voulons néanmoins et ordonnons que de point en point l'on observe les règles commandées, comme elles se trouvent au livre de l'histoire et institution du Saint-Chapelet, plus que l'on dédie un autel spécial qui sera dit l'autel du Saint-Chapelet, auquel l'on mettra un tableau ou image de la Vierge Marie au milieu des images de saint Dominique et de sainte Catherine de Sienne; et seront les chapelets des confrères et sœurs de la dite confrérie bénits par le curé ou vicaire de la dite paroisse auxquels de ce faire donnons pouvoir.

« En outre, le dit curé ou vicaire procurera qu'un religieux de l'Ordre de Saint-Dominique soit appelé pour y prêcher et établir la dite confrérie, auquel donnons, par ces présentes, tout pouvoir à cet effet.

« Finalement le dit curé ou vicaire sera tenu enregistrer les noms des frères et sœurs de la dite confrérie dans un livre à ce destiné.

« Et pour confirmation des présentes, avons signé de notre main et apposé le sceau de notre office, ce dix-septième jour de mai mil six cent dix-huit ».

Signé : Michel Baudoux, vicaire général.

A droite de la signature se trouve le grand sceau des Frères-Prêcheurs.

L'inauguration de la confrérie eut lieu à Saint-Martin, le 24 mai 1618, jour de l'Ascension, et fut faite par le père Baudoux.

On a pu remarquer que la paroisse de Saint-Martin avait fait observer dans sa supplique qu'il n'existait pas de confrérie du Rosaire dans les paroisses voisines. C'était un des motifs les plus sérieux qu'elle faisait valoir pour l'obtenir. Il était de règle, dans l'ordre de saint-Dominique qui avait le privilège de l'érection de diverses confréries et notamment de celle du Rosaire, de ne pas en établir dans deux églises rapprochées (1).

Parmi les membres de la confrérie, nous trouvons après le Concordat :

Nicolas Vital, curé de Saint-Martin.

François-René Morin-Pitardière, vicaire.

Jacques-François Goyet-Godardière, vicaire.

Louis-Charles Morel, prêtre.

Jean-Baptiste de Malfilâtre, curé de Placé.

(1) Malgré le peu de distance qui sépare les églises de Saint-Martin et de Notre-Dame, le curé et les habitants de cette dernière paroisse tentèrent ensuite d'obtenir la confrérie du Rosaire, en usant de supercherie, mais celle-ci fut découverte et ils durent se résigner à ne pas avoir la pieuse association.

Noël-Joseph Deschamps, prêtre du diocèse de Coutances.

Jacques Romagné, missionnaire au Canada.

François-René-Jean Esnault du Bignon, prêtre habitué.

Louis-Joseph Goussay, curé de Martigné.

Julien-Jacques Lecottier-Vieuxville, prêtre.

Pierre-François Leterme, vicaire à la Trinité de Laval.

Guillaume Pellier, vicaire à Martigné.

Pierre Cruchet, prêtre, à Notre-Dame.

Jean-Baptiste Morice de la Rue.

René-Davoust, libraire.

Marie Godard-Beauchesne.

Marguerite Godard-Beauchesne.

Il y aurait à citer beaucoup de personnes de Mayenne, d'Ambrières, d'Averton, de Belgeard, Ceaucé, Champéon, Chantrigné, Jublains, du Horps, de la Chapelle-au-Riboul, de la Bazoge-Montpinçon, de Loupfougères, d'Oisseau et de Saint-Loup.

Le Rosaire existe toujours à Saint-Martin. Le registre des associés porte, du 11 avril 1891 à ce jour, les noms de plus de quinze cents personnes, parmi lesquelles un grand nombre de la paroisse de Notre-Dame.

En 1841, sur la demande de Pierre Peslier, curé de Saint-Martin, l'autel du Rosaire de l'église de cette paroisse fut déclaré privilégié par le Pape Grégoire XVI « promissis quæ in eadem (ecclesiâ) a quocumque sacerdote in suffragium fidelium defunctorum celebrantur ».

Confrérie du Saint-Nom-de-Jésus. — Trois ans après l'érection du Rosaire, on désira à Saint-Martin de Mayenne la confrérie du Saint-Nom-de-Jésus. Morin, curé de la paroisse, et Letourneux, procureur de la fabrique, adressèrent à l'évêché, en 1621, une supplique dans le but de l'obtenir.

Le père Baudoux, qui avait institué dans cette église la confrérie du Rosaire, accueillit favorablement cette nouvelle demande de faveurs spirituelles. Il y répondit de la manière suivante :

« A très humbles et dévotes personnes, les curés, vicaires, chapelains et habitants de la paroisse de Saint-Martin de Mayenne, diocèse du Mans, salut et bénédiction.

« Nous, frère Michel Baudoux, docteur en théologie en la faculté de Paris et vicaire général substitut de la Congrégation des Frères-Prêcheurs en France et prieur du couvent du même Ordre au Mans.

« Ayant vu votre humble et juste requête tendant à ces fins d'être faits participants aux grâces, dons et privilèges accordés par le Saint-Siège, appliqués à tous les frères et sœurs enrôlés en la sainte et sacrée confrérie du Très-Saint-Nom-de-Jésus, et nous ayant témoigné votre ardent désir de voir, en votre église, ladite confrérie érigée, pour plus aisément et facilement participer aux susdites grâces, le tout pour la gloire de Dieu et votre salut ; inclinant à votre requête très volontiers, avons consenti et consentons l'érection de la susdite confrérie du Très-Saint-Nom-de-Jésus en votre église de Saint-Martin de Mayenne, selon le pouvoir et autorité à nous concédé en ce cas, de par nos Saints Pères les Papes, et, par ces présentes et de la même autorité de ce, vous donnons plein pouvoir, déclarant tous les fidèles chrétiens de l'un ou de l'autre sexe, qui se feront enrôler et inscrire en ladite confrérie, qui sera érigée en votre susdite église de Saint-Martin de Mayenne, participants de toutes les grâces, privilèges et immunités concédés par le Saint-Siége Apostolique aux frères et sœurs de ladite confrérie ; le tout à charge et condition que ladite érection se fera avec les solennités accoutumées et par un des religieux de notre Ordre; plus, que sera érigé un autel à ces fins particulièrement, où sera un tableau de l'histoire et représentation du Nom de Jésus ; d'abondant, que le vénérable curé demeurera chargé et ses successeurs de faire faire la procession, tous les seconds dimanches des mois, où sera chantée la litanie du Nom de Jésus, et faire faire tous autres services portés par les bulles de nos Saints Pères, — et le tout à peine de nullité des présentes.

« Fait au Mans, ce cinquième de novembre mil six cent ving-et-un, en notre maison des Frères-Prêcheurs, sous le seing manuel et le scel de notre office.

Signé : Michel Baudoux, vicaire général substitut.

Au bas est écrit :

« Visa supra scripta sanctissimi nostri Jesus Christi confraternitatis in ecclesiâ santi Martini de Meduanâ hujus diocesis... erectione illam laudavimus et probavimus ejusque promulgavimus juxta supra scriptas conditionés et suos tenorem et formam concessimus.... per præsentes. Actum... die mensis novembris ab anno domini 1621 ». *Signé :* illisiblement.

Contre-seing : « de mandato prefati Domini vicarii episcopalis ». *Signé* : Chapelle.

Confrérie du Sacré-Cœur. — Jacques Morin, curé de Saint-Martin, voulut établir dans sa paroisse la confrérie du Sacré-Cœur contre laquelle les Jansénistes avaient une particulière aversion et il en éprouva quelques désagréments, comme on va le voir.

La supplique suivante fut adressée à l'évêque du Mans par le clergé et les paroissiens, en 1630 ;

« A Monseigneur l'Illustrissime et Révérendissime évêque du Mans.

« Supplient humblement les curé, ecclésiastiques et habitants de la paroisse Saint-Martin de Mayenne.

« Disant qu'une personne de piété, par la dévotion qu'elle a au Sacré-Cœur de Jésus dans la Sainte-Eucharistie et pour réparer autant qu'il est en elle les irrévérences qui sont commises journellement contre ce divin cœur qui est embrasé d'amour pour le salut de tous les hommes, aurait (elle) dessein, sous le bon plaisir de Votre Grandeur, de faire une fondation d'un service solennel le dimanche immédiat d'après l'octave de la fête du Très-Saint-Sacrement. Son intention est, s'il plait à Votre Grandeur, que l'office du Sacré-Cœur que Votre Grandeur a approuvé pour messieurs de la congrégation de monsieur Eudes, de votre séminaire de Domfront, soit chanté avec l'exposition du Saint-Sacrement durant tout le jour et la bénédiction sur le soir au salut.

« Les suppliants osent demander à Votre Grandeur d'ériger cette fondation en confrérie dans l'église paroissiale dudit Saint-Martin.

« Comme cette société ou confrérie n'a pour but que de procurer à Jésus-Christ dans la Sainte-Eucharistie des adorateurs, qui une ou plusieurs fois pendant le cours de l'année passeront une heure de temps devant le Très-Saint-Sacrement, sans qu'il leur en coûte rien pour l'entrée ni pour l'entretien de cette confrérie, ils espèrent que Votre Grandeur voudra bien en faire l'érection. Cette confrérie n'est pas nouvelle, elle est déjà érigée, sous l'autorité de Votre Grandeur, dans quelques maisons ou congrégations de votre diocèse comme elle est à Paris, Rouen, Rennes, Marseille, Angers et dans plusieurs autres diocèses.

« A l'égard des fêtes, les suppliants demandent à Votre Grandeur qu'elle veuille bien leur accorder pour principale fête le dimanche d'après l'octave de la Fête-Dieu et pour les quatre autres fêtes, les trois jours des quarante heures, qui sont le dimanche de la Quinquagésime, les deux jours suivants et le jour de l'Assomption de la Sainte Vierge, afin de ne point multiplier l'exposition du Saint-Sacrement qui se fait déjà les trois jours gras par la permission de Votre Grandeur. Pour le jour de l'Assomption, ils supplient votre Grandeur de permettre d'exposer le Saint-Sacrement dans le ciboire ou custode, le soir au salut, lequel est fondé en ladite église il y a déjà longtemps.

« Les suppliants remontrent à Votre Grandeur que cette fondation et confrérie ne seront point à charge à la fabrique parce que l'on fournira tout le luminaire nécessaire.

« Les suppliants prient encore Votre Grandeur de permettre de s'adresser à notre Saint-Père le Pape, pour obtenir les indulgences pour les confrères et sœurs, même de permettre aux prêtres de dire la messe votive du Sacré-Cœur, comme Votre Grandeur l'a permis aux Messieurs de votre séminaire de Domfront.

« Les suppliants, qui connaissent par leur propre expérience le zèle de Votre Grandeur pour les établissements de piété, pour le salut de ses diocésains, espèrent avec confiance de sa bonté l'érection des dites fondation et confrérie.

« A ces causes, Monseigneur, il vous plaise ériger les dites fondation et confrérie du Sacré-Cœur de Jésus dans l'église paroissiale du dit Saint-Martin de Mayenne, permettre de faire célébrer et chanter l'office canoniale du Sacré-Cœur de Jésus le dimanche d'après l'octave du Très-Saint-Sacrement, tout ainsi que Votre Grandeur a eu la bonté de le permettre à Messieurs de la Congrégation de Monsieur Eudes de votre séminaire de Domfront, avec l'exposition du Saint-Sacrement tout le jour de la dite principale fête et avec la bénédiction du Saint-

Sacrement au salut, comme aussi d'exposer le Saint-Sacrement dans la custode ou ciboire le jour de l'Assomption de la Sainte-Vierge, le soir au salut seulement, comme une des fêtes de la confrérie, et d'ériger les trois jours gras pour les trois autres fêtes de la dite confrérie, permettre aussi aux suppliants d'obtenir de Notre Saint-Père le Pape les indulgences pour la dite confrérie et aux prêtres de dire la messe votive du Sacré-Cœur, et vous ferez bien.

Signèrent la supplique : Jacques Morin, curé de St-Martin de Mayenne ; Guy Fourneau, prêtre, vicaire ; F. Lambleux, prêtre ; Germain Piau, prêtre ; Louis Bourgoin, prêtre ; Sougé, prêtre ; Morin, prêtre ; Barbeu, prêtre ; Richard, prêtre ; Gautier, prêtre ; F. Barbeu, procureur fabricier ; François Gestière, avocat ; Morin ; Morin de Lugerie ; René Mor... ; Lambleux, avocat ; A. Cheminant ; Godard ; M. Gohier ; Chantereau, boulanger ; François Vorière ; Duvivier de Lozé ; P. Richard ; M. Foureau ; P. Fouré ; Jean Ménage ; F. Raison.

L'évêque du Mans répondit à cette demande dans les termes qui suivent :

« Vu la requête des autres parts, nous accordons la permission demandée et en conséquence nous approuvons et autorisons l'érection de la confrérie du Sacré-Cœur de Jésus dans l'église de Saint-Martin de Mayenne.

Donné au Mans, en notre palais épiscopal, le seize décembre mil sept cent trente ».

Signé : Froullay, év. du Mans.

Le curé de Saint-Martin obtint l'année suivante un bref du Pape qui octroyait de nombreuses indulgences aux associés de la confrérie du Sacré-Cœur de Jésus [1].

(1) Voir l'Appendice, note B le bref du pape.

On sait, a écrit Dom Piolin [1], les cris de fureur que le jansénisme poussa contre la dévotion au Sacré-Cœur. Nonobstant ces clameurs, Charles de Froullay, évêque du Mans, avait autorisé les religieuses de la Visitation de cette ville, à célébrer la fète de ce mystère, avec messe solennelle, exposition du Saint-Sacrement et salut. A la même époque Barbeu du Bourg, curé de Saint-Martin, ayant voulu établir une confrérie du Sacré-Cœur et ayant obtenu un bref de Rome à cet effet, par l'intermédiaire de Languet, archevêque de Sens, [2] vit une partie de la ville de Mayenne se soulever contre lui.

En effet, à Mayenne, Bouessay, curé de Notre-Dame, dont on connaît le zèle janséniste, montrait à la dévotion au Sacré-Cœur une hostilité singulière, qui le faisait même sortir de sa réserve puritaine habituelle. Il allait jusqu'à se permettre parfois de grosses facéties, de saugrenus à-peu-près, indignes de son caractère, que lui facilitait le nom patronymique de Marguerite-Marie Alacoque. Il serait inconvenant de les rappeler.

La Municipalité de Mayenne prit, de son côté, la délibération suivante :

« Du mercredi, septième jour de janvier 1733, deux heures de relevé.

« (Nous,) René de Bazogers de Grazay, juge général civil et ordinaire au duché-pairie de Mayenne.

« En la convocation du général des habitants de cette

(1) Voir l'*Histoire de l'Eglise du Mans*, par Dom Piolin, VI, p. 462.

(2) C'est de Languet que le janséniste abbé Débonnaire disait :

On voit dans le fatras des écrits qu'il nous donne
La constante hauteur de la présomption,
Cette intrépidité de bonne opinion,
Cet indolent état de confiance extrême
Qui le rend, en tout temps, si content de lui-même.

(Voir *Essai du nouveau jeu de ma mère l'Oie ou les enluminures de la Constitution*, par l'abbé Débonnaire, 1722).

ville de Mayenne et faubourg Saint-Martin, en conséquence de notre ordonnance et sur la réquisition et remontrance du procureur ducal et des billets des publications faites, dimanche dernier, aux prône et issue des grand'messes paroissiales de cette dite ville et faubourg Saint-Martin, contrôlés au bureau de cette ville ce jourd'hui, signés Pavy, commis, et encore au son du tambour, en la manière accoutumée ;

« La dite assemblée, convoquée par extraordinaire au sujet de la confrérie du Sacré-Cœur de Jésus, que l'on prétend ériger dans l'église paroissiale de Saint-Martin de cette ville.

« A laquelle assemblée se sont trouvés :

Me Michel Barbeu, sieur de la Couperie, avocat fiscal au duché et maire de cette ville.

Me Pierre Bouessay, lieutenant général civil et criminel, député de la Barre ducale.

Me Jean-René Tanquerel, procureur ducal.

Me Julien de Lalande, échevin.

Me Michel Juguin, sieur des Besneries, échevin du faubourg Saint-Martin.

Me Jean-Louis Lefèvre, receveur des deniers du roi de cette ville.

Me René Liger, avocat au siège de la Barre ducale et procureur du Collège de cette ville.

François Trippier, sieur de la Grange, marchand de vins en gros.

Louis Trippier de la Grange, marchand de toiles.

Me Joseph Gourdier, notaire apostolique.

Me Augustin Foret, notaire royal.

François Guyard, marchand de vins en gros.

Me André Fourmond, commissaire aux Saisies réelles, ancien échevin.

Jean-Baptiste Crosneau, marchand.

Me Pierre Beaugard, notaire royal.

Guy Pottier, praticien.

Me François Launay, notaire royal.

François Le Breton, sieur de la Baumerie, marchand.

François Jarry, sieur de la Breneudière, bourgeois.

Jacques Laigneau.

Michel Nocher, marchand tanneur, ancien procureur syndic du faubourg Saint-Martin.

Me Mathurin Barbeu, avocat à la Barre ducale, ancien échevin du faubourg Saint-Martin.

Pierre Roche, marchand.

Marin Nocher, le jeune.

Julien Richard, sieur de la Touche, marchand.

« Tous députés et habitants de cette ville et faubourg.

« La matière mise en délibération, tous d'une commune voix ont été d'avis qu'il n'y ait aucune confrérie du Sacré-Cœur de Jésus établie en l'église paroissiale de Saint-Martin de cette ville et qu'ils s'y opposaient formellement, et en outre sont d'avis que le tableau représentant le Sacré-Cœur de Jésus, servant d'étendard de la confrérie, soit ôté de l'endroit où il est actuellement placé.

« Fait et arrêté, en la grande chambre des assemblées générales, les dits jour et an que dessus. »

Suivaient les signatures :

Marin Nocher, le jeune, fut pris de scrupules et, après avoir apposé son nom, écrivit une mention de laquelle il semble ressortir que s'il désapprouvait la confrérie, il ne blâmait pas « la dévotion particulière » au Sacré-Cœur ; qu'à l'égard du tableau il était d'avis « qu'il restât au pied du Christ » en l'église de Saint-Martin.

Le culte public du Sacré-Cœur de Jésus était encore nouveau. Le premier autel érigé en l'honneur des Sacrés-Cœurs de Jésus et de Marie n'existait en France que dequis 1644. Ce ne fut qu'en 1666 que le pape Alexandre VII, « ayant appris que dans l'enclos du cimetière de

Saint-Martin, au faubourg de Morlaix, il y avait une pieuse confrérie en l'honneur du Cœur de Jésus et du cœur de sa mère », l'approuva et lui accorda des indulgences.

Au sujet de la valeur des approbations épiscopales des confréries, l'opinion commune du clergé français, à cette époque, était que chaque évêque dans son diocèse, avait le même pouvoir que le pape dans toute l'église (1). A Saint-Martin de Mayenne, on n'avait pas obtenu l'autorisation de l'ordinaire, mais un bref du pape.

Comme la confrérie avait été érigée sans lettres patentes et en vertu d'un bref obtenu par un évêque autre que celui du diocèse, le juge de police y vit un moyen de nullité et s'opposa à l'affiliation et au maintien du tableau dans l'église.

Le curé Barbeu du Bourg en appela au Parlement de la décision de ce magistrat et obtint qu'elle fut mise à néant. « Il fut même, dit dom Piolin, autorisé à placer dans son église le tableau du Sacré-Cœur et à chanter un *Te Deum*, chaque année, en action de grâce de l'arrêt du Parlement, tant cette victoire paraissait importante au prélat et à la population catholique de Mayenne. Ce *Te Deum* continua d'être chanté solennellement, tous les ans, jusqu'aux premières années du XIXe siècle.

On peut voir encore le vieux tableau du Sacré-Cœur dans l'église de Saint-Martin au-dessus de la porte de la sacristie ; quoique mal éclairé, il est facile de distinguer, à la partie supérieure, un Père éternel tenant dans sa main un globe terrestre ; il domine un groupe de nuages d'où émergent quantité de têtes d'angelots ; au-dessous une colombe figure le Saint-Esprit, et plus bas un cœur sanglant est entouré d'une couronne d'épines.

(1) V. *Genèse du culte du Sacré-Cœur de Jésus*, par M. Baruteil, Paris imp. M. R. Leroy, 1904.

Au pied et de chaque côté se prosterne un ange adorateur.

Confréries de Sainte-Anne, de Saint-Sébastien et des trépassés. — Saint-Martin eut jadis une confrérie de Sainte-Anne et de Saint-Sébastien. « Le cierge de saint « Sébastien était un monument et une œuvre d'art. On « le décorait d'écritures. En 1550, il fut volé, on alla « jusqu'à Ambrières à la poursuite du voleur, sans le « saisir ».

Il y eut aussi à Saint-Martin une confrérie des trépassés sur laquelle nous n'avons pas de renseignements (1).

Les noms de quelques-uns des procureurs des confréries ont été relevés :

1606. — Dubois (Jean), sieur de Boyère.

..... — Mérienne (Charles).

1615. — Piette (Charles), sieur de la Varie.

1618. — Letourneux (Jean), prêtre, vicaire de Saint-Martin, notaire apostolique.

1659. — Morin (Pierre), curé de La Bazoge-Montpinçon (sic).

1660. — Gestière (Antoine), curé de Saint-Martin.

1671. — Lepineau (Ambroise), sieur de la Houssaye, assesseur à la Barre ducale.

1687. — Etigneux (Michel), prêtre.

1723. — Lambleux (François), prêtre.

1727. — Germain (Jean), prêtre.

1730. — Barbeu du Boulay (François), prêtre.

1731. — Fauvel (Etienne), prêtre.

1733. — Bourgouin (Louis), prêtre.

1738. — Gontier (François), prêtre.

1741. — Morin (René), prêtre.

(1) V. à l'Appendice, note C, deux brefs en faveur des défunts.

1743. — Fourneau (Guy), prêtre.
1747. — Rouilly (Pierre), prêtre.
1750. — Lambleux (François), prêtre.
1753. — Housseau (Nicolas-Joachim), prêtre.
1759. — Brault (Michel), prêtre.
1761. — Gouger (Ambroise), prêtre.
1781. — Amiard (Jean), prêtre.

CHAPITRE VI

BIENS DE LA FABRIQUE : MOBILIER, IMMEUBLES, DROITS SUR LES SÉPULTURES, PRIX DE L'HERBE DU CIMETIÈRE, PRODUIT DES QUÊTES. — LOCATION DES BANCS. — BIENS DÉPENDANT DES FONDATIONS. — TEMPOREL DE LA CURE. — LÉGENDE DE LA FONTAINE DE JOUVENCE.

I. *Biens de la Fabrique.*

La Fabrique possédait lors de la Révolution :

Mobilier. — Les divers objets mobiliers qui servaient au culte ou garnissaient l'église et la sacristie.

Le tout fut vendu aux enchères par la Nation les 29 germinal, 3, 4 et 5 floréal an II (18, 22, 23 et 24 avril 1794) pour 1711# 15s. On adjugea le banc seigneurial 3# 7s 6d, un confessional 3#, un autre 4#, les stalles 30# 5. L'argenterie comprenait deux chandeliers d'acolyte (1), pesant 7 marcs, 1 once, 4 gros, deux encensoirs du poids de 9 marcs, 2 onces, 6 gros, une croix en bois « plaquée d'argent » pesant 6 onces, 5 gros. Pour se rendre compte du poids du métal, les objets avaient été brisés, dès le 17 octobre 1792, par l'orfèvre Nonclair pour en détacher les corps étrangers de la monture, puis remis au District. Quant aux vases sacrés restés à l'église pour le service des prêtres constitutionnels, nous ignorons ce qu'ils devinrent (2).

Rentes. — Les rentes annuelles et perpétuelles dont les débiteurs et la date des titres vont être énoncés :

(1) Ces chandeliers avaient été donnés par Mathieu Bedouet, prêtre, demeurant à Saint-Martin, par son testament devant François Ménage, notaire à Mayenne, du 18 avril 1660.

(2) V. *Documents sur la ville de Mayenne*, pp. 259, 260.

1° Mathieu Rondeau, de Mayenne (23 Janvier 1787) .... 23#

2° L'hôpital de la Madeleine, de Mayenne [1] (22 Décembre 1781)........................... 8#

3° Veuve Esnault, de Mayenne (21 Février 1780).. 31# 4s

4° René Gaudinière, de Mayenne (21 Février 1776).. 20#

5° Veuve Michel Lambleux, de Mayenne (2 Décembre 1770)........................... 17#

6° Veuve André Clouet et ses fils, de Mayenne (21 Messidor an II, 9 juillet 1794).... 10#

7° Veuve Dauvergne, de Mayenne (7 Février 1774).. 6# 8s

8° Gibon, de Mayenne (31 Août 1764)..... 9# 5s

9° Grégoire, de Sainte-Gemmes (24 Septembre 1765).. 15#

10° René Davoust (8 Juin 1780)............ 8# 5s

11° René Duhay (12 Janvier 1765).......... 23# 10s

12° Sablé, du Horps (29 Novembre 1760)... 10#

13° Famille Plé, de Mayenne (19 Août 1775 et 8 Octobre 1780)........................... 7#

14° Richard de la Martinais, de Mayenne (30 Mai 1734).. 40#

15° Le Forestier, de Mayenne (20 Mars 1730) 4#

16° Veuve Godard-Beauchesne, de Mayenne (18 Décembre 1754)........................... 3# 10s

17° Pierre Chevallier (23 Septembre 1763, 25 Juillet 1774).. 12#

A reporter... 248# 2s

(1) Dans notre ouvrage *La Madeleine, à Mayenne*, page 41, nous avons parlé d'une rente due à la Fabrique par les religieuses de la Madeleine. Elle était de 6 # (distincte de celle dont il est ici question) et fut remboursée en 1715. La fabrique en remit le capital à Michel Rouzière et à Julienne Leroyer, sa femme, qui continuèrent le service de la rente à la fabrique (V. contrat du 4 août 1715).

Report...	$248^{\#}\ 2^{s}$
18° Michel Lamberdière, de Grazay (15 Janvier 1788)	$3^{\#}$
19° Robillard, de Mayenne (23 Mai 1765, 27 Février 1787)	$26^{\#}$
20° Leveillé de Marboué, de Mayenne (1774).	$13^{\#}10^{s}$
21° Lavanerie (3 février 1789)	$3^{\#}$
22° Lambleux, de Mayenne (2 Décembre 1770)	$6^{\#}$
23° Chevrinais (1789)	$8^{\#}$
24° Veuve Duhaye, de Charchigné (1765)...	$3^{\#}10^{s}$
25° Veuve Cherbonnier, de Mayenne (1789).	$13^{\#}$
26° Veuve Pottier, de Mayenne (1769)	$4^{\#}\ 5^{s}$
27° Richard de la Martinais (1785)	$14^{\#}$
28° Mathurin Leroi, de Mayenne (1784)	$14^{\#}$
29° Héritiers Frangeul et Lamotte (1789)..	$2^{\#}10^{s}$
30° Pierre Leroux, de Mayenne (1789)	$12^{\#}$
31° Launay, de Mayenne (1784)	$2^{\#}\ 3^{s}$
32° La Charité de Saint-Martin	$4^{\#}10^{s}$
33° Dubois Durand et Cocu, de Mayenne (1787)	$3^{\#}10^{s}$
34° Vital Deléblé (1772)	$20^{\#}$
35° Gibon, de Mayenne (1788)	$2^{\#}\ 8^{s}$
36° Demoiselle Leroy (1776)	$8^{\#}$
37° Veuve Gournay	$27^{\#}10^{s}$
38° Coquereau Fils (1789)	$6^{\#}$
39° Jean Giffard, d'Aron	$16^{\#}10^{s}$
40° Buffé, de Saint-Georges	$3^{\#}$
41° Epoux Fanneau, du Horps	$1^{\#}15^{s}$
42° Veuve Fourreau, de Mayenne (28 Août 1766)	$13^{\#}$
43° Jacques Lebaillif, de Lassay	$12^{\#}$
44° Chasle, d'Hambers (1789)	$25^{\#}$
45° Cherbonnel (1788)	$30^{\#}10^{s}$
A reporter...	$546^{\#}13^{s}$

Report...	546# 13s
46° Demoiselle Garnier....................	16# 16s
47° Veuve Le Nicolais (24 Septembre 1765).	30#
48° Veuve Lambleux (2 décembre 1770).....	4#
49° Houdou, de Mayenne..................	12#
Total....................	609# 9s

Immeubles. — Les immeubles ci-après désignés, situés paroisse de Saint-Martin de Mayenne :

1° Un pré dit de Malaumône ou Damourette, loué 27#.

2° La Vallée de Mayenne ou de Savoie, contenant 41 perches 1/4 (1), louée environ 80#, que la Nation vendit à Joseph Bouvier, marchand à Mayenne, le 2 octobre 1793, pour 7.000#. Cette vallée de Savoie avait été donnée à la fabrique et aux confréries du Saint-Sacrement et des trépassés, savoir : pour moitié par René Triguel, aux termes de son testament du 12 juin 1601, et pour l'autre moitié par sa veuve née Marie Aubert, ainsi qu'il appert des dispositions testamentaires de celle-ci, en date du 19 novembre 1616.

3° « Une pièce de terre nommée le Clos à l'Ane, à droite du chemin du village de la Davière, joignant ce chemin et d'un côté le champ de la Pierre à M. Tennesson et deux pièces de terre côtoyant le grand chemin (la route de Paris à Brest), l'une sur la gauche joignant d'un côté la prée de la Roche-Gandon et de l'autre vis-à-vis sur la droite, joignant d'un côté et d'un bout le champ de Fontaine à M. Tennesson ». Ces pièces louées environ 100# furent vendues par la Nation le 21 messidor an IV (9 juillet 1796), moyennant un prix de 4.279#. Elles avaient dépendu de l'ancienne prestimonie de la Roche-Gandon.

(1) Voir *Les chapellenies de Mayenne avant la Révolution*, pages 97 et s.

4° Deux maisons dites de la Mule, d'un loyer annuel d'environ 150$^{\#}$.

Les curés et prêtres de Saint-Martin avaient abandonné ces deux maisons à la fabrique. Le décret de l'évêque autorisant cette réunion fut homologué par le Parlement de Paris, le 25 avril 1786.

Droits sur les sépultures. — Ils s'élevaient, année commune, à 50$^{\#}$.

Récolte de l'herbe du cimetière. — Elle était vendue ordinairement de 15 à 18$^{\#}$, chaque année.

Produit des quêtes aux grandes fêtes. — Il montait en totalité à environ 15$^{\#}$ par an [1].

Location des bancs. — La fabrique ne louait pas des bancs dans l'église, mais seulement leur emplacement; ils étaient fournis par les paroissiens. Ces places de bancs furent jadis concédées aux acquéreurs, pour eux et leurs représentants, moyennant un prix une fois payé. C'est ainsi que Pierre Piron, sieur de Launay, marchand de vins, procureur de la fabrique, put bailler à Catherine-Charlotte Juhier, veuve de Louis-François de Morel de Neufvillette, « pour elle, ses hoirs et ayant cause », par contrat devant Davoynes, notaire à Mayenne, le 31 mars 1696 « une place de banc dans la nef de l'église, sur le lieu où avait été inhumé le dit défunt sieur de Neufvillette, de grandeur à contenir deux personnes; lequel banc ladite dame ferait refaire à ses frais ». Cette cession fut consentie moyennant un prix de 25$^{\#}$. En 1741, Françoise Billard de Lorière, veuve de Jean-Baptiste de Morel, vicomte de Neufvillette, occupait dans l'église un banc

(1) Ces quêtes n'étaient guère fructueuses. En 1783, elles produisirent à Pâques 4$^{\#}$ 11^{s} 3^{d} à la Pentecôte 2$^{\#}$ 18^{s} à la Toussaint 3$^{\#}$ 5^{s}, à Noël 2$^{\#}$ 12^{s}, soit au total 13$^{\#}$ 4^{s}3^{d}.

de la chapelle de la Vierge, qui avait été construite avec les fonds légués par sa tante, Catherine-Charlotte Juhier.

Des emplacements de bancs faisaient aussi l'objet de locations à l'année. La fieffe, c'est-à-dire le fermage, ne se payait pas toujours facilement et comme elle était d'une somme minime le procureur de la fabrique hésitait à poursuivre les débiteurs. En 1705, une assemblée des paroissiens décida que les bancs des mauvais payeurs seraient « jetés hors de l'église ».

La location des emplacements fut tarifée par sentence arbitrale de l'évêque du Mans, le 17 octobre 1777. On exigeait des preneurs un droit d'entrée qui faisait l'objet d'une adjudication. Le 22 avril 1787, on adjugeait devant Cherbonnel, notaire à Mayenne, un droit d'entrée de banc. Jean Tricon, boulanger, le porta à $21^{\#}$, Louis Bahier, fabricant de toiles à $24^{\#}$, Benoiste-Voile à $32^{\#}$, Louis Girard, maître d'écriture, à $38^{\#}$, Benoiste-Voile à $39^{\#}$. L'adjudication fut prononcée au profit de ce dernier. Il avait l'emplacement de son banc à vie. Bien entendu la propriété du banc resterait à l'occupant et à son décès à ses représentants.

Avant la Révolution, les emplacements de bancs étaient divisés en plusieurs catégories tarifées, suivant leur situation : $4^{\#}$, $3^{\#}$, $2^{\#}$ 10^{s}, $2^{\#}$, $1^{\#}$ 10^{s}, $1^{\#}$, 15^{s} et 10^{s}. En 1780, étaient occupés savoir, 1° les bancs à $4^{\#}$ par : Jacques Coulon-Desrochers, négociant, Jean Edon, sellier, Marie Carré, Jacques-François Moulinet dit Lormeau, aubergiste, Jacques Benoiste aîné ; 2° les bancs à $3^{\#}$ par : André Sorieul, marchand, Bruneau de la Courbe, Marin Frangeul, Etienne Paillard, marchand de vins, Françoise Tiollée, épouse de Gilles Langlais, métayer, à Grinhard, René-Richard Martinais, négociant, Robert Bigot, négociant, Brou, marchand, Rondeau, Jardin, aubergiste, Julien Guittard, négociant, Jean Fleuriais, serrurier, Pierre Bellet, René Lair, veuve

VIEILLE MAISON EN FACE DE L'EGLISE SAINT-MARTIN

(à l'angle des rues de l'Eglise et de la Croix-Melleray)

Urbain Davoynes, François Benoiste, jeune, Millière et Journois.

La lieffe des bancs rapportait annuellement environ 230#.

II. *Biens des fondations.*

1° Deux maisons avec jardins, situées à la Croix-Melleray, paroisse de Saint-Martin, estimées d'un revenu de 130#, que la Nation vendit le 8 janvier 1793, pour 4.200#.

2° Une maison et un jardin sis également paroisse de Saint-Martin dont le revenu fut estimé à 22# 10s et que René-Jean Carré, curé constitutionnel, acheta le même jour de la Nation, moyennant un prix de 500#.

L'une de ces maisons devait avoir appartenu à la prestimonie de la Mule.

III. *Temporel de la cure.*

Il dépendait du temporel de la cure de Notre-Dame des divers immeubles ci-après désignés, situés paroisse de Saint-Martin dont la plupart furent vendus par la nation :

1° Le presbytère et ses dépendances soumissionnés par René Richer, maître de poste à Mayenne, le 23 germinal an V (12 avril 1797) et acquis par lui le 21 vendémiaire an VI (12 octobre 1797) pour 13.510# [1].

2° Une maison et une moitié de jardin sises à la Croix-Melleray que René-Jean Carré, acheta le 24 octobre 1792, moyennant un prix de 860#.

3° Un verger, une cour et un jardin loués à René Richer 630# par an, suivant bail de la municipalité du 15 floréal an III (4 mai 1795).

(1) Dans la vallée au-dessous du presbytère, il y avait une « perrière » c'est-à-dire une carrière de pierres dont le curé tirait peut-être un petit profit.

4° Une maison et un jardin proches le temple de la Raison (l'église Saint-Martin) que René Paistre prit à bail en germinal an II pour un loyer annuel de 300#.

5° Une grande et une petite écurie que louait Bouvier, moyennant un loyer de 52 fr. 25 par an suivant bail de l'administration du 29 germinal an V. (18 avril 1797).

6° La closerie de la Baudrairie, vendue à François Renault de Mayenne le 11 Mai 1791, pour 8.500#. Cette propriété avait été louée à René Delétang et à Marie-Renée Delorière, sa femme, moyennant un fermage annuel, en espèces, de 200# et, en faisance, de « dix livres de beurre net en pot, poids de 18 onces, quatre chapons, quatre poulets et un gâteau de quarante sous », par bail devant Esnault et de la Bécannière, notaires à Mayenne, du 2 Mars 1782.

Quelle était l'origine de cette propriété qui fut aliénée par la Nation comme dépendant de la cure ? Nous l'ignorons. Les renseignements qui suivent démontrent qu'il existait deux closeries à la Baudrairie ; l'une et l'autre dépendent actuellement de l'asile des aliénés de la Roche-Gandon.

Une closerie de la Baudrairie était jadis la propriété de Madeleine Fourmy qui l'avait donnée « pour commencer une charité de paroisse ». Son testament, du 27 mai 1728, ainsi que ceux de ses sœurs Marie et Renée, du 9 mai 1711 et du 22 décembre 1724 qui contenaient aussi des dispositions pieuses, firent l'objet d'une transaction entre : 1ent leurs héritiers qui étaient : 1° Renée Rondeau, épouse d'Ambroise Morin, marchand de toiles ; 2° Simon Gournay, sieur de Fougerolles ; 3° Marie-Françoise Chabrun, veuve de Guillaume Cheux de la Savinière ; 4° Renée Chabrun ; 5° Anne Chabrun ; 6° Marie Turgault, veuve de Jean Mautaint, sieur de l'Esnaudière, notaire royal ; 7° François-Louis Gournay, sieur de Fougerolles, ensembles, d'une part, et 2ent les exécuteurs testamentaires des défuntes : 1° René Ameslon de Saint-Ouen, curé de Mayenne ; 2° Pierre Colin, prêtre ; 3° Jean Chabrun, prêtre, principal du Collège ; 4° René de Bazogers, juge général du Duché ; 5° Jean-René Tanquerel, procureur général fiscal, subdélégué de l'Intendant ; 6° Adrien Deslandes, curé d'Ambrières ; 7° François Baguelin, prêtre, d'autre part.

Par cette transaction il fut abandonné par les héritiers aux exécuteurs testamentaires un friche dit de la Baudrairie, situé paroisse de Saint-Martin.

Quant à la ferme de la Baudrairie, elle resta la propriété des héritiers [(1)].

Le 20 septembre 1766, par acte devant les conseillers du roi, notaires au Châtelet de Paris, Charles-François Bouessay, de Pierre Brune, clerc tonsuré du diocèse du Mans, demeurant à Saint-Sulpice, à Paris, assigna pour son titre sacerdotal une métairie de la Baudrairie, en Saint-Martin de Mayenne, lui provenant des successions de ses père et mère, suivant partage devant Patrice Jamelin, notaire à Mayenne, du 9 août précédent.

En 1785, une Baudrairie appartenait à Anne-Elisabeth Bouessay, veuve de Guillaume Bichain de la Martinière.

En 1786, nous trouvons qu'une closerie, dite la Baudrairie, sise en Saint-Martin de Mayenne, était la propriété d'une dame Thiroux de Saint-Cyr d'Ernée. Il en dépendait outre les bâtiments et le jardin, les pièces ci-après : le Pré de Derrière, le Champ Bedeau, le Pré de la Planche, les champs des Grand-Bois, du Petit-Bois, du Hallier et de l'Ecottay :

7° La dîme. Nous en ignorons l'importance [(2)].

(1) V. *La Madeleine à Mayenne*, p. 174.

(2) En 1468, la Fabrique de Saint-Martin possédait le quart de la dîme de la Torlière et de la Mansonnière, en Moulay. Cette portion de dîme était affermée 7 sols 9 deniers.

La vieille maison, dont nous donnons la photographie et qui a été abattue dernièrement, était sans doute celle qui figure ci-dessus dans la désignation du temporel de la cure, sous le n° 4. Sa situation très rapprochée de l'église de Saint-Martin, à l'angle formé par la rue de l'Eglise et la rue de la Croix-Melleray, le laisse du moins supposer. Sa disparition a fait perdre à ce coin du faubourg un peu du pittoresque d'autrefois. Il ne reste plus guère du vieux Saint-Martin qu'une partie de l'ancienne hôtellerie de l'Aigle-d'Or, à la Juiverie. Les aitres les plus modestes prennent avec l'âge une vénérabilité touchante qui inspire une sorte de respect, et l'on ne peut s'empêcher de les regretter, bien qu'il y ait utilité à la détruire. Ce sentiment est inné au cœur de l'homme, qui s'attache aux choses des temps passés. Lorsque surtout il a grandi, vécu, vieilli près d'elles, elles lui paraissent comme animées d'une vie à laquelle on porte atteinte quand on les supprime, et il en ressent une émotion. C'en était bien une de ce genre qu'éprouvait ce paysan à qui nous voyions verser une larme en présence d'un vieux chêne coupé près de sa demeure. Il l'avait toujours vu ; sa sève lui causait l'impression de sang versé, et la place vide qu'il occupait dénaturait à yeux tous les alentours.

En achevant cette étude sur l'histoire ancienne de la paroisse de Saint-Martin, nous ne pouvons oublier la légende pieuse de la petite fontaine de Jouvence, qui est située au sud du faubourg, aux Vallées.

Odon, pauvre laboureur, demeuré payen, n'avait qu'une masure, un arpent de terre et un pré. Le champ lui donnait à peine du grain pour sa nourriture et celle de sa fille Gaulaine. Le pré trop sec n'offrait qu'un maigre pâturage à son ânesse. C'était du temps des grandes chevauchées de Saint-Martin, qui, parcourant alors le pays, brisait les idoles, chassait les démons, bénissait les humbles, guérissait les malades, exaltait la foi des chrétiens, convertissait les infidèles.

Revenant un jour d'un long voyage en Armorique au cours duquel il avait jeté à la mer nombre de poulpiquets, de korriganes voleuses d'enfants, de lutins et de fées, troupes de diables et de diablesses maltraitant les humains, renversé d'un coup de pied du cheval qu'il montait les dolmens rencontrés sur sa route, Martin allait se diriger vers les bords de la Loire, quand pour se reposer il s'arrêta dans le pré d'Odon. Sa course avait été rapide ; la sueur ruisselait sur son visage, son cheval blanc d'écume semblait exténué. Pendant que l'animal se mettait à paître un peu d'herbe, il gagna l'ombre d'un bouquet d'ormeaux.

Odon dans son champ, penché sur sa herse, travaillait avec Gaulaine et n'avait pas vu l'étranger à son arrivée, mais il aperçut tout à coup une lueur immense embraser les arbres sous lesquels était entré Martin. Il accourut avec sa fille pour se rendre compte de ce phénomène. Le cavalier dormait. Une auréole brillante entourait son front et inondait le bocage de son rayonnement.

Saisis de frayeur et de respect en face du visage vénérable du dormeur, qu'ornait une barbe blanche, Odon et Gaulaine s'arrêtèrent immobiles. Ne sont-ils point en présence du dieu Abistor, auquel ils ont cessé d'offrir aux dernières gelées les trois touffes de gui blanc traditionnels et qui est peut-être courroucé. Ils tremblent.

Le thaumaturge se réveillant les aperçut et leur dit : « approchez mes amis, que voulez-vous ? Sans doute le prix de l'herbe que pait mon cheval ? » En parlant ainsi il se leva. Sa haute stature était imposante. La majesté et la douceur resplendissaient dans toute sa personne.

Odon rassuré répondit : « Je suis pauvre, mais je ne

refuse pas plus une poignée d'herbe au cheval d'un voyageur qu'un morceau de pain ou une tasse d'hydromel à qui en a besoin ; vous ne me devez rien, seigneur ».

« Tu as a raison, dit l'évêque. Dieu bénira le pain que tu mangeras et fera croître l'herbe dans ton pré, car il est aride.

Odon reprit : « Un Dieu ! je ne crois plus à aucun : ma fille est malade, ne guérit pas. Son esprit doit être poursuivi par quelque filandière, et pourtant je n'ai jamais manqué d'offrir à Abistor une jarre de lait dans la bonne saison, en mai et en octobre. L'herbe ne croît point sans eau et mon pré n'en reçoit pas assez ; cependant j'ai toujours eu soin aux premières pousses d'avril de jeter une pièce de monnaie à la déesse de la rivière, au plus profond de l'eau. Ah ! si je pouvais comprendre ce que disent les signes gravés sur les *menhirs du savoir !* »

« Laisse le dieu Abistor qui n'est qu'un malfaisant démon, répartit Martin, abandonne ton culte à une déesse des eaux qui n'existe pas. Les secrets que portent les menhirs ne te rendraient pas heureux. Il n'y a qu'un Dieu, le Christ, que toi et ta fille avez méconnu jusqu'à ce jour. Puissant et bon, il peut guérir ton enfant et arroser ce pré, qui jusqu'à ce jour n'a pourtant été qu'une lande ».

Se tournant vers Goulaine : « Tu souffres, dit-il, tu aimes et n'est pas aimée, je te plains ».

La jeune fille ne répondit pas et baissa les yeux. Ses joues s'empourprerent.

« Garde ton secret, mon enfant, ajouta l'évêque ».

S'adressant à l'un et à l'autre : « Vous voyez, continua-t-il, cet églantier dont les fleurs émergent des buissons, à moitié du coteau. Allez au pied ; vous y trouverez, toi Odon, un trésor que recèle la terre ; toi, ma fille, un trésor venu du ciel attaché à l'arbrisseau, —

l'eau qui vivifie, le bois ardent qui consume les cœurs. Aimez le Christ, le Dieu vivant ».

Le père et la fille à qui ces paroles paraissent inexplicables se précipitent, passent sous le fourré pour arriver au pied de l'églantier. Ils y trouvent une source ignorée jusqu'alors dont l'eau commence à cheminer sous les mousses en suivant les sinuosités de la montée. A l'arbrisseau est suspendue une croix faite de branches vertes de noisetier.

Odon éclatant de joie tombe à genoux et s'écrie ; « Gloire au Dieu des chrétiens; oui, il est puissant et bon. »

Goulaine pâlit. Elle a compris l'appel qui lui est fait par ces rameaux croisés. Ses yeux s'emplissent de larmes ; elle demeure recueillie pendant longtemps, puis comme se réveillant subitement d'un songe, elle dit avec énergie : « C'est vrai, comme mon amie la chrétienne me le disait, vous êtes le seul amour ; je veux être tout à vous, Seigneur Christ ».

Lorsqu'Odon et Gaulaine furent sortis de leur ravissement, ils pensèrent au bienfaisant cavalier et revinrent pour le remercier. Il avait disparu ainsi que son cheval. On apercevait seulement au loin un sillage lumineux sur lequel se détachait une croix d'or.

Le lendemain, le ruisselet continuait de couler, descendait le coteau en gazouillant et arrosait le pré d'Odon. Gaulaine, quittant bientôt l'espoir d'un amour terrestre, gagnait quelque solitude afin de se donner en entier à l'amour céleste qu'elle venait d'entrevoir.

Par ces miracles le père et la fille avaient trouvé la foi, — en plus, le premier la récompense de sa charité, la seconde la consolation d'un divin époux.

La source du pré d'Odon n'est autre que celle qui existe toujours aux Vallées de Saint-Martin de Mayenne. On l'appela la Fontaine de Jouvence dans une double pensée, assez mystique. En jaillissant de la terre, elle avait, en effet donné une nouvelle vie au pré du laboureur, la fraîcheur symbole de la jeunesse, mais surtout une autre vie, la vie de la grâce à deux payens, bons mais ignorants, jeunes l'un et l'autre dans l'amour du Christ.

CHAPITRE VII

—

NOTES SOMMAIRES, PAR ORDRE CHRONOLOGIQUE, DE QUELQUES ÉVÉNEMENTS INTÉRESSANT LA PAROISSE DE SAINT-MARTIN, DE 1789-1910.

2 août 1790. — La Municipalité paie « à Moriceau, bedeau de Saint-Martin de Mayenne, 3# pour avoir sonné la veille et le jour du grand serment civique du 14 juillet ».

14 octobre 1790. — On paie « aux sonneurs de Saint-Martin 2# 8s pour le service des gardes nationaux et troupes de ligne morts à Nancy », à la suite de la révolte des Suisses de Châteauvieux.

27 janvier 1791. — Une réunion des habitants de Saint-Martin se tient « à la tombe de cette paroisse [1], lieu ordinaire des assemblées publiques », afin de décider s'il convient d'accepter un don de 200# que Marin Morice, directeur des Messageries et procureur comptable de la Fabrique, est chargé de faire de la part d'une personne qui ne désire pas être connue. Ce don a pour but « d'aider à acheter une exposition du Saint-Sacrement ». Morice ajoutait que Maupetit, député à l'Assemblée nationale « voulait bien prendre les mesures pour ladite « exposition et faire cet achat à Paris ». Le don fut agréé, et l'on recourut à l'obligeance de Maupetit pour l'acquisition.

20 février 1791. — Le maire Dupont-Grandjardin, le procureur de la commune Jamelin, ayant pour escorte la Garde nationale que commande Le Forestier, vont à

(1) « A la tombe » c'est-à-dire dans le petit cimetière contigu à l'église.

l'église de Saint-Martin et y arrivent vers 9 heures 1/2, avant la grand'messe, pour la prestation, par le clergé, du serment que prescrit le décret du 27 novembre 1790.

Le maire, monté sur les marches de l'autel, reçoit les serments qui suivent :

Le curé René-Jean Carré dit : « Je jure d'être fidèle à la Nation, au roi, de veiller avec soin sur les fidèles de la paroisse qui m'est confiée et de maintenir de tout mon pouvoir la Constitution décrétée par l'Assemblée nationale et approuvée par le roi ».

Charles-François Cochon, vicaire, déclare : « Je jure de veiller avec soin sur les âmes dont la conduite m'est ou me sera confiée, d'être fidèle à la Nation et au roi, et de maintenir de tout mon pouvoir la Constitution décrétée par l'Assemblée nationale et acceptée par le roi, en tout ce qui regarde le droit civil et politique, — exceptant formellement tout ce qui pourrait donner atteinte au spirituel et à l'autorité de l'Église catholique, apostolique et romaine dans le sein de laquelle je veux vivre et mourir ».

Jacques-François Goyet-Godardière, vicaire, fait le serment qui suit : « Messieurs les députés de l'Assemblée nationale, ayant fait voir les sentiments les plus respectueux : 1° envers la foi, qu'ils disent n'avoir point attaquée et de laquelle je ne veux jamais m'écarter ; 2° envers le pape, qu'ils reconnaissent comme chef visible de l'Eglise, de la communion duquel je ne veux jamais me séparer ; 3° envers la juridiction spirituelle accordée aux évêques, puissance que je respecterai toujours ; 4° envers la religion catholique, aux lois de laquelle je veux toujours être soumis, — dans cet esprit, je jure de veiller avec soin sur les fidèles qui me sont confiés, d'être fidèle à la Nation, à la loi et au roi et de maintenir de tout mon pouvoir la Constitution décrétée par l'Assemblée nationale et sanctionnée par le roi, — mes premiers sentiments toujours conservés, dans lesquels je veux vivre et mourir ».

Pierre-Auguste Dauverné, prêtre-sacristain, qui devint bientôt curé de Notre-Dame, dit : « L'Assemblée nationale ayant formellement déclaré, dans son instruction touchant le serment civique décrété le 27 novembre dernier, n'entendre toucher en rien à l'autorité spirituelle de l'Église, voulant vivre et mourir dans la religion catholique et romaine, je jure de veiller avec toute l'exactitude possible au salut des âmes dont la direction m'est et me sera confiée, d'être fidèle à la Nation, à la loi et au roi et de maintenir de tout mon pouvoir la Constitution décrétée par l'Assemblée nationale et acceptée par le roi ».

6 octobre 1791.— Pierre-François Pottier, prêtre constitutionnel, vicaire de Saint-Martin, prête le serment de liberté et d'égalité.

16 décembre 1791. — « La Municipalité, composée de Gournay, Lacour, Rojon, Morice-Larue, Coulon, Ponthault, Bigot et Lefebvre », nomme pour sacristains Zacharie Richard, clerc tonsuré, et Désiré Richer, étudiant ecclésiastique, sur la demande de Carré, curé assermenté, et de Morice, procureur de la Fabrique.

23 décembre 1791. — Leudière, qui devint maire de Mayenne, est choisi comme procureur de la fabrique par la Municipalité en remplacement de Marin Morice, directeur des Messageries.

24 septembre 1792. — René-Jean Carré, curé assermenté de Saint-Martin, fait le serment suivant : « Je jure d'être fidèle à la Nation, de maintenir de tout mon pouvoir la liberté et l'égalité, et de mourir en les défendant ».

27 nivôse an II (16 janvier 1794). — Le curé constitutionnel Carré « abdique ses fonctions de prêtre ». Il

acheta l'année suivante, une maison située à Mayenne, rue Sainte-Anne, qu'il habita avec sa sœur (1).

8 pluviôse an II (27 janvier 1794). — La Société régénérée des républicains de Mayenne envoie des commissaires « pour recevoir les ornements de la ci-devant église de Saint-Martin ».

17 brumaire an III (7 novembre 1794). — La Municipalité paie : 1° A Bry, « pour avoir descendu la cloche qui restait à la ci-devant église Saint-Martin, 4# » ; 2° « A la citoyenne Renard, pour le transport de la cloche au District, 3# 10s ». Il s'agissait probablement de la plus grosse cloche.

15 messidor an III (3 juillet 1795). — La Municipalité écrit aux administrateurs du Département : « Quelques citoyens, dont les avis méritent attention, nous ont observé qu'il serait indispensable d'établir ici un Tribunal de commerce, sans quoi l'éloignement de Laval ferait languir les affaires dans tout le nord du départe-

(1) Par contrat devant de la Bécannière, notaire à Mayenne, du 12 nivôse an III (1er janvier 1795), « Urbain-Marie Lefebvre d'Argencé, cultivateur, demeurant à Chartres, de présent en sa maison ci-après », vend à René-Jean Carré, ancien curé intrus de Saint-Martin, et à Marie-Renée Carré, sa sœur, « une maison, située commune de Mayenne, section des Sans-Cu-« lottes, touchant d'un côté la rue de derrière l'église (Notre-Dame) et la « rue avec escalier à la suite, appelé les *Grands degrés*, qui descend du par-« vis à la rue Sainte-Anne, d'autre côté la maison du citoyen Pouteau-Brive, « (représentant Marguerite Lefebvre, épouse d'Adam Deschamps, qui était « propriétaire de la dite maison et du jardin, maison et abord sur la rivière « en face de l'autre côté de la dite rue Sainte-Anne, suivant les partages en « cinq lots des immeubles de la succession de René Lefebvre, sieur de « Loyère, et de Renée de Bazogers, sa femme, faits par acte passé devant « Me Davoines, notaire à Mayenne, du 20 juillet 1669), d'un bout par devant la « dite rue Sainte-Anne, d'autre par derrière la maison du dit Pouteau-« Brive ». On voit ci-dessus que d'Argencé se qualifiait « cultivateur ». Nobles et bourgeois prenaient de ces titres populaires pour éviter d'être inquiétés, de porter ombrage aux jacobins ; par mesure de prudence, ils se disaient cultivateurs alors qu'ils étaient propriétaires, endossaient même carmagnole et portaient le bonnet rouge. La maison dont il s'agit appartient aujourd'hui à M. le docteur César Chabrun (V. sur Lefebvre d'Argencé, *Souvenirs du Vieux-Mayenne*, pp. 331 et suivantes).

ment, qui, vu la mauvaise qualité de son sol, ne peut nourrir sa nombreuse population que par le commerce le plus actif et le moins interrompu. Le bâtiment où nous sommes (l'hôtel de ville actuel appartenait alors à la duchesse d'Aumont) sert aussi au Tribunal de police correctionnelle et à la Justice de Paix, et ces deux tribunaux, obligés à se servir du même local, se trouvent quelquefois forcés de déranger le cours de leurs audiences. Que serait-ce si le tribunal de commerce était encore obligé de tenir ses séances dans le même local !

L'ingénieur vous enverra bientôt le plan de la prison actuelle (prison du château) ; vous y verrez que ses appartements bordent immédiatement des rues ou ruelles et qu'ainsi un détenu, qui a percé le mur, se trouve dehors et n'a plus d'obstacles à vaincre. Une pareille maison ne peut jamais être sûre, et, pour qu'on puisse compter sur une prison, il faut qu'elle soit isolée et bâtie au milieu d'une vaste cour entourée de bons murs ; alors un détenu, qui forcerait son appartement, trouverait un nouvel obstacle dans le mur de la cour, et une sentinelle, qui se promènerait dans cette cour, l'aurait bientôt arrêté. Un ou deux bons chiens, lâchés le soir dans cette cour, qui environnerait tout le bâtiment, pourraient même dispenser de tout autre garde. Vous verrez encore par le plan que ce local n'est pas assez étendu, qu'on ne peut y pratiquer les distributions nécessaires pour séparer les hommes des femmes, les condamnés des accusés, et ceux qui n'y sont que par police d'avec les autres ; le jardin est trop petit pour qu'on y forme différentes cours où ces différentes espèces de détenus pourraient prendre l'air. Il n'y a point où placer une infirmerie et des ateliers pour occuper les prisonniers ; en un mot il est nécessaire d'acheter un local où bâtir une nouvelle prison et il n'y en a point de plus convenable et de moins coûteux que le ci-devant presbytère, jardin et friche de Saint-Martin. C'est là aussi qu'il en coûtera le moins pour bâtir puisque les experts ont reconnu qu'on trouverait, dans le friche, et la pierre et la terre nécessaires, objets très coûteux par leur transport.

Ainsi, comme nous vous l'avons déjà marqué le 27 prairial, nous pensons que l'intérêt public exige qu'on ne vende ni la maison Chasteloger (1), ni les deux ci-devant presbytères de Mayenne et leurs dépendances.

On établirait la prison où nous venons de le dire, les tribunaux de police correctionnelle, de Paix et de Commerce dans la maison Mercerel-Chasteloger, et les municipalités de la commune et du canton au ci-devant presbytère de Notre-Dame de Mayenne. La maison que nous occupons n'est point nationale, et il est recommandé à l'ingénieur de préférer les maisons nationales aux autres. Il est donc du bien public de différer la vente de ces objets jusqu'à ce qu'il ait été pris un parti définitif sur l'emplacement de tous les établissements publics, afin de ne pas s'exposer au regret d'acheter fort cher des bâtiments et des emplacements qui conviendraient beaucoup moins. Les ci-devant communautés du Calvaire (2) et des Capucins (3) sont vendues depuis longtemps. Il ne reste ici de propre à des établissements publics que les trois maisons dont nous venons de parler. Nous ne vous avons fait aucune objection sur la vente de trois maisons situées sur la place de la Répu-

(1) Maison, située place de l'Egalité (place Cheverus, n° 4), appartenant alors à Joseph-Hyacinthe Le Mercerel de Chasteloger, émigré, aujourd'hui la propriété de la famille de la Grange (V. *Souvenirs du Vieux-Mayenne*, p. 353).

(2) La vente du monastère et de l'enclos du Calvaire avait été consentie à René Moitre, le 12 vendémiaire, an III (3 octobre 1794).

(3) Dès le 13 novembre 1792, le couvent des Capucins et l'enclos avaient été achetés par Jacques Coulon des Rochers.

blique (place des Halles)[1] ; nous ne vous en ferons pas davantage sur la vente des maisons Hercé, Gasté, Pouyvet de la Blinière ; et nous ne vous en ferions pas sur la vente de la maison Chasteloger et des deux ci-devant presbytères sans que nous les croyons indispensables au service public ».

21 ventôse an IV (11 mars 1796). — La Municipalité se plaint à Bussot, commandant de la troupe à Mayenne, qu'il ne fasse pas occuper les bâtiments du Collège et de la Belle-Etoile[2], meublés pour servir de caserne, et qu'on continue de laisser les soldats loger chez l'habitant.

16 thermidor an IX (4 août 1801). — Une lettre de la Municipalité donne quelques renseignements sur l'état des églises de Mayenne. On y lit :

« La grande église, connue ci-devant sous le nom d'église paroissiale de Notre-Dame, a environ 35 mètres de long sur 25 de large et une hauteur proportionnée. Les fenêtres sont en ruine ; l'aire, à paver presqu'en totalité ; il est urgent de réparer la couverture ; la pluie dégrade les voûtes et les murs. Elle est employée au culte et n'a pas d'autre usage.

« La ci-devant église paroissiale de Saint-Martin a environ 30 mètres de long sur 20 de large. Les vitres sont à réparer ainsi que la couverture ; elle sert depuis longtemps de magasin aux fourrages militaires. On peut y loger 800.000 livres de foin. On a proposé d'en faire un grenier d'abondance.

« Il faut observer qu'avant cette malheureuse division d'opinions religieuses, qui a coûté tant de sang à la

(1) Il s'agit sans doute des propriétés, situées place de la République, qui avaient appartenu au Collège de Mayenne, à Joseph-René de Gasté et à Michel-Joseph Thoumin des Vaux-Ponts (V. *Documents sur la ville de Mayenne*, pages 230, 239. 256).

(2) V. *Ville et Pays de Mayenne*, p. 285.

France, ces deux églises paroissiales, quoique secondées par celles des Capucins et du Calvaire, suffisaient à peine aux 8.000 individus que renferme cette commune. Il y en a qui pensent que le traité de paix avec le pape, qui se négocie à présent à Paris, réunira les esprits sur le culte. Si cet espoir se réalise, la grande église (de Notre-Dame) ne suffira point au culte et il faudra lui adjoindre celle de Saint-Martin.

« La chapelle de l'Hôpital (du Saint-Esprit) n'étant que la continuation de la salle des malades, doit y être réunie aussitôt que le gouvernement sera en état d'assurer à cet hospice une indemnité qui le dédommage de celles de ses propriétés qui ont été vendues au profit de la République. Elle a 10 mètres de long sur 12 mètres de large (1).

L'église de la Madeleine a d'un côté 14 mètres sur 17 et de l'autre 19 mètres sur 7 ; les vitres et les murs ont besoin de quelques légères réparations. Elle est nécessaire à l'agrandissement de la manufacture de l'Hôpital général, et l'on ne peut trop favoriser cette manufacture qui fait le principal soutien d'un établissement aussi intéressant (2).

« La chapelle Saint-Antoine (du cimetière de ce nom) a 8 mètres de large sur 17 mètres de longueur. C'était la chapelle du Collège. Elle sert de magasin auxiliaire pour les fourrages militaires ».

22 thermidor an IX (10 août 1801). — Julien-Jacques Lecottier, né à Mayenne le 20 février 1763, prêtre non assermenté, ancien vicaire d'Yvré-l'Evêque, administra les sacrements à un grand nombre de personnes, de 1795 à 1800, d'abord dans des maisons particulières, puis

(1) V. la reprise du culte par les prêtres insermentés dans *L'Ancien Hôtel-Dieu de Mayenne, dit du Saint-Esprit*, p. 109.

(2) V. la reprise du culte dans la chapelle de l'Hôpital général dans *La Madeleine à Mayenne*, p. 150.

dans les chapelles de l'Hôtel-Dieu et du Calvaire. Il fut le premier prêtre à dire la messe à Saint-Martin après la Révolution. Cette messe eut lieu le jour saint Laurent (1). Il semblerait que cette époque de la Révolution ne dut pas être propice aux conversions au catholicisme. Nous en trouvons cependant une dans les actes de Lecottier, celle de Paul-Emmanuel Bernoulli, officier de cavalerie au service de la France, né à Berlin, en 1776, du mariage de Jean Bernoulli, professeur à l'Académie royale des sciences de Berlin, et de Véronique Beck. Le 19 août 1748, il « abjura l'hérésie de Luther, « en présence de : Hyacinthe-Jeanne de Montecler, « femme de René-Georges-Marie de Montecler, Fran- « çoise-Marie du Bailleul, Charlotte-Hyacinthe-Clau- « dine-Joséphine de Montecler, veuve de Louis-André « de Lantivy, Elisabeth-Victoire-Eléonore de Montecler, « veuve d'Augustin-Pierre-Philippe d'Héliand, Marie- « Hyacinthe d'Héliand, Eugénie-Henriette de Monte- « cler, Victoire-Renée-Françoise Daguier, Pierre-Joseph « Pattier, Anne-Victoire-Renée Gournay, femme Pattier, « Emmanuel Lecottier, Marie-Françoise Lecottier, Marie- « Anne Féron ». Le même jour, Bernouilli fut baptisé; il eut pour parrain Julien-Jacques Lecottier et pour marraine Hyacinthe-Jeanne de Montecler, qui venaient d'être témoins de l'abjuration.

30 germinal an XI (20 avril 1803). — Le Conseil municipal autorise le rétablissement des bancs dans l'église ; il les divise en trois classes, comprenant ceux : 1° de la nef; 2° des bas-côtés et des chapelles; 3° du pourtour. Les bancs devaient être fournis par les occupants et le droit de place de ces bancs faire l'objet d'une adjudication.

Le règlement des fabriques fait par l'évêque du Mans

(1) On trouvera à l'Appendice, note D, la copie d'un des actes des mariages qui furent célébrés par Lecottier.

et approuvé par le gouvernement le 23 nivôse an XII (14 janvier 1803), prescrivait que les membres du Conseil seraient choisis, la première fois, parmi les 20 habitants les plus imposés. Le maire en fournit la liste suivante. Payaient d'impôts, savoir : Benoiste de la Courbe 500 fr. ; Richer 484 fr. ; Chesnais 350 fr. ; Benoiste (Joseph-Guy) 300 fr. ; Paillard (Etienne) 222 fr. ; Sorieul (François) 260 fr. ; Lair-Lamotte (René) 200 fr. ; Benoiste (Joseph-André) 200 fr. ; Ménage, à la Juiverie, 270 fr. ; Brou, père, 200 fr. ; Féron (Julien) 180 fr. ; Pichon, hôte au Dauphin, 180 fr. ; Bigot (Pierre) 160 fr. ; Desjardins (Charles) 160 fr. ; Goyet-Davière, 150 fr. ; Cheminant, aîné, 150 fr. ; Cheminant-Duhaumont, 150 fr. ; Desjardins (César) 125 fr. ; Perrin, négociant, 120 fr. ; Chevrinais (Augustin), regrattier, 105 fr. — Furent nommés membres de la fabrique : Paillard, Féron, Bigot et Perrin (1).

28 floréal an XI (18 mai 1803). — Nicolas Vital, ancien curé de Commer, déporté en Angleterre, où il vécut pendant neuf ans, prend possession de la cure de Saint-Martin. Il avait été nommé à ce poste par Pidoll, évêque du Mans, dès le 24 nivôse précédent (13 janvier 1803).

20 floréal an XII (10 mai 1804). — Il appert d'un compte de gestion de la fabrique que, pendant les années 1800, 1801, 1802 et 1803, ses recettes et ses dépenses furent de 10.135 fr. 16 (2).

9 frimaire an XIII (30 novembre 1804). — Il y a alors à l'église trois cloches dont une seule dans le clocher ; le son en est très faible. La seconde a été cassée et la troisième est fort petite. Le mobilier de l'église ne peut guère être plus pauvre ; nous y remarquons : « un soleil en cuivre argenté, un ciboire en « cuivre argenté dont la croix du couvercle est perdue,

(1) On trouvera en Appendice, note E, une liste de fabriciens de 1810 à 1886.

(2) V. ce compte à l'Appendice, note F

« un calice et sa patène en cuivre argenté, une grande « croix processionnelle avec son bâton, le tout en fer- « blanc, sur laquelle il y a un christ en cuivre argenté, « quatre encensoirs dont deux en cuivre et deux en fer- « blanc, un brancard pour porter le Saint-Sacrement « dont les bras sont couverts de damas rouge, un « tableau dans l'enfoncement du grand autel représen- « tant les quatre évangélistes, quatre autres tableaux « représentant saint Jean l'évangéliste, saint Mathieu, « la sainte Vierge et l'Annonciation ; un petit tableau « figurant la fuite en Egypte ».

24 mai 1807. — Le Forestier, maire de Mayenne, invite les fabriciens de Saint-Martin, Etienne Paillard, Julien Féron, Pierre Bizot et Pierre Perrin à se présenter devant lui pour qu'il procède à leur installation comme fabriciens de l'église de Saint-Martin. Il termine sa lettre par cette phrase d'une politesse équivoque : « Je me félicite, Messieurs, de la part que nous avons eue à ce choix, étant bien convaincu que vous avez assez de lumières et de zèle pour vous acquitter, sous ce double rapport, de votre commission ». Les fabriciens durent être moins que flattés de l'appréciation modérée que M. le Maire faisait de leur intelligence et de leur activité.

1er septembre 1807. — Michel-Joseph de Pidoll, évêque du Mans, vient à Mayenne, et le curé de Saint-Martin lui offre l'hospitalité. Il y reçoit la visite du Sous-Préfet, des adjoints, des membres du Tribunal civil et des autres fonctionnaires de la ville.

13 octobre 1808. — Le curé Nicolas Vital bénit une grosse cloche, qui est nommée Marie-Jacqueline-Aimée par le curé, parrain, et par Jacqueline-Aimée de Baglion, marraine.

12 avril 1810.— « René Richer, père, ancien maître de la poste aux chevaux, vend à Nicolas Le Forestier

maire de Mayenne, moyennant un prix de 6.750 livres tournois (soit 6.666 fr. 63), la maison servant autrefois de presbytère à la paroisse Saint-Martin, composée de deux caves, d'une salle, de cuisine et boulangerie ; de deux chambres et trois cabinets au premier, de deux greniers avec un fruitier ; d'une grange servant d'écurie ; d'un bûcher avec grenier dessus et toit à porcs situés à la droite du portail d'entrée, plus d'un jardin composé de quatre carrés et un autre jardin composé de deux carrés formant haut et bas jardin et enfin d'une portion du friche ou verger situé derrière la maison ».

1810. — La Fabrique achète de Henry Bonhours, marbrier à Laval, « deux autels de marbre jaspé, en forme de tombeau, longs de six pieds trois pouces, hauts de trois pieds avec vingt-deux pouces de largeur. Sur l'un, il y aura, était-il convenu, un cœur enflammé avec un croix, sur l'autre une branche de lis présentée par une main ». Bonhours répara « deux chérubins qui étaient cassés, au grand autel ».

1811. — Julien-Jacques Lecottier, né à Mayenne, le 20 février 1763, vicaire de Saint-Martin, est nommé curé de cette paroisse.

Peu de temps après la nomination de Lecottier, le clergé des deux paroisses de Mayenne cessa de se réunir pour les processions des Rogations, de la mi-août et de quelques fêtes, ce qu'il faisait depuis le rétablissement du culte. Ces processions partaient alternativement de chacune des églises. Or, à l'une de ces processions, Sougé, curé de Notre-Dame, qui, avant de sortir, devait attendre le clergé de Saint-Martin, avança l'heure de ses vêpres, sans en avertir le curé de cette paroisse. Ce dernier se trouva donc un peu en retard et, comme il se rendait à Notre-Dame processionnellement, il rencontra au milieu du pont toute la procession de Notre-Dame, qui allait à Saint-Martin. Après de courtes explications assez vives, le clergé et toutes les autorités rentrèrent à Notre-Dame pour en partir de nouveau et venir à Saint-Martin. Il y avait eu, dans la circonstance, un manque d'égards, volontaire ou non, de la part du curé de Notre-Dame, mais Lecottier s'était montré trop rigoureux. Il eut dû se souvenir de la maxime : « summum jus summa injuria ». Le curé de Saint-Martin regretta ensuite d'avoir exigé le retour à Notre-Dame de la procession de cette paroisse et chercha même à s'en excuser; mais l'offense ne fut pas oubliée, et il n'y eut plus, en général, d'accord pour les processions. On a dit de Lecottier : « Il avait mauvaise tête, mais il était franc et avait bon cœur ».

1812. — L'excessive cherté des grains, mettant les pauvres dans la plus grande détresse, les marguillers de Saint-Martin demandent l'autorisation d'employer aux besoins des nécessiteux une somme de 600 fr., qui était primitivement destinée à des réparations urgentes à la toiture de l'église. « Elles ne le sont point, disaient-ils, en comparaison des besoins qu'éprouvent les pauvres dont la faim ne peut s'ajourner ».

1813. — En faisant des réparations au presbytère, des maçons découvrent dans une cachette une somme de 2.040 fr. Ils se gardent d'en parler, mais leur trouvaille est connue du public et ils doivent en partager le montant avec la Fabrique.

5 février 1815. — Etienne-Louis Vital, maréchal de camp, ancien inspecteur général du génie, fait don à l'église de Saint-Martin des objets ci-après ayant appartenu à Vital, ancien curé de la paroisse : « un calice et sa patène en vermeil, un ornement complet en drap d'or, fond blanc, un ornement vert complet, un ornement violet complet, un autre ornement violet complet, un ornement noir complet, six étoles pastorales de

différentes couleurs, quatre aubes, deux surplis, deux rochets, cinq amicts et un missel ».

1816. — Après une mission donnée dans les deux paroisses de Mayenne, fut plantée la croix, dite des martyrs, route de Laval, en face le village de la Masure. Le clergé des deux paroisses s'y rendit en procession. Quatre hommes portaient un christ sur un drap. Une très grande foule assistait à cette cérémonie.

19 avril 1818. — La confrérie du Sacré-Cœur fut rétablie solennellement à Saint-Martin par le père Roubis, missionnaire, qui avait des pouvoirs à cet effet. Il y eut sermon et, après les vêpres, procession suivie par une grande foule. Les personnes, qui s'engagèrent à une heure d'adoration par semaine, étaient nombreuses. Cette dévotion a été remplacée par la Communion réparatrice.

20 juillet 1826. — Date du décès du curé Lecottier.

1826. — Michel Gasnier, né à Nogent-le-Bernard, le 24 novembre 1794, vicaire à Saint-Vénérand-de-Laval, succède à Lecottier, comme curé de Saint-Martin.

1827. — Lefebvre de Cheverus, archevêque de Bordeaux, donne la confirmation dans la chapelle de l'Hôtel-Dieu, dit du Saint-Esprit.

1828. — Gasnier, curé de Saint-Martin, ayant été nommé curé de Saint-Jean de Château-Gontier, est remplacé par François-Louis Pineau.

20 juillet 1828. — Le Conseil accepte le legs fait par Jacques Goyet-Godardière, ancien vicaire de la paroisse, puis prêtre habitué, de toute sa chapelle à la Fabrique.

1831. — La croix des martyrs de la route de Laval fut abattue par des fils d'anciens jacobins ; ils ne furent pas poursuivis. Après les premières années troublées du règne de Louis-Philippe, on songea à la rétablir, mais Lecourt, alors maire de Mayenne, s'y opposa, les uns dirent par impiété, les autres par prudence.

28 Août 1832. — Arrêté du Conseil municipal qui contient, dans son article premier, la disposition suivante : « A partir de ce jour, le transport des corps au nouveau cimetière sera fait sur des brancards, par les soins des fabriques qui jouiront, seules, d'après l'article 25 du décret du 12 prairial an XII, du droit de fournir les voitures, tentures, ornements, et de faire généralement toutes les fournitures nécessaires pour les enterrements et pour la décence et la pompe des funérailles. »

28 Août 1832. — Un sieur Pierre Bourgault est nommé joueur de serpent à Saint-Martin, « à raison du bon effet que produit cet instrument dans un chœur ».

1834. — Pineau est nommé curé de Saint-Calais (Sarthe).

8 Février 1835. — Pierre Pellier, né à Forcé le 7 février 1798, ordonné prêtre, au Mans, le 10 août 1824, puis vicaire à Notre-Dame de Mayenne, prend possession de la cure de Saint-Martin. Il y est installé par Arcanger, curé de Notre-Dame de Mayenne.

24 Janvier 1838. — Organisation par le Conseil de fabrique, d'une compagnie de porteurs, pour les sépultures [1].

1842. — Le curé de Saint-Martin obtient un indult par lequel on accorde à son église un autel privilégié du Saint-Rosaire.

9 Novembre 1844. — Le Conseil municipal reconnaît l'utilité de l'agrandissement de l'église de Saint-Martin et l'opportunité qu'il y a à accepter l'offre que fait Bigot, propriétaire voisin [2], de céder à la fabrique une parcelle de son terrain, mais il ajoute « que la fabrique devra

(1) V. A l'appendice, note G, le procès-verbal du Conseil de Fabrique.

(2) L'ancien prieuré de Saint-Martin, contigu à l'église, avait été vendu par le prieur de Fontaine-Géhard au père de Pierre Bigot, qui y fit construire la maison qu'occupent actuellement les religieuses de l'Espérance. On nomme encore actuellement cette propriété la Periolée, la Priolée, c'est-à-dire le prieuré.

justifier préalablement qu'elle possède somme nécessaire au paiement du prix de l'acquisition, qu'elle l'affectera à sa libération par une délibération dûment homologuée et qu'enfin, en aucun cas, elle ne pourra avoir recours au budget de la commune ».

7 Août 1845. — Le Conseil municipal autorise le Conseil de Fabrique à faire reconstruire le chœur et le côté septentrional de l'église, à ses frais. Il accorde seulement 1.000 fr.

6 Avril 1846. — Pierre-Jean Bigot et Thérèse-Marie-Adèle Trippier-Lagrange, sa femme, cèdent, à titre d'échange, à la ville de Mayenne un terrain d'une superficie de 72 mètres carrés, situé près de l'église de Saint-Martin, qui doit servir pour 54 mètres à la formation d'une place entre l'église et le presbytère.

1846. — L'église de Saint-Martin est agrandie. On construit un des bas-côtés nord et le pourtour du chœur.

27 septembre 1847. — Jean-Baptiste Bouvier, évêque du Mans, consacre l'église de Saint-Martin, restaurée et considérablement agrandie par les soins de Pellier, curé de la paroisse. Les reliques des saints martyrs Bonose et Justine, exposées à la vénération des fidèles, dès la veille au soir, dans la chapelle de l'Hôpital, furent enfermées dans une chasse de plomb par l'évêque, puis scellées de ses armes et placées sous la table de l'autel consacré à Saint-Martin.

7 Juin 1850. — L'évêque du Mans bénit solennellement deux cloches de l'église de Saint-Martin, fondues par Paul Havard de Villedieu-les-Poêles ; l'une, du poids de 718 kilogrammes, nommée Eléonore-Adolphine, a pour parrain Adolphe Féron et pour marraine Eléonore-Victorine Leveillé, l'autre pesant 514 kilogrammes, nommée Céline-Charlotte, par Daguillon, substitut du procureur de la République, et Céline Léveillé.

1851. — Le Ministre de l'Intérieur accorde, pour la

Chevrinais, phot.
Repr.

Pierre PELLIER

Curé de Saint-Martin de Mayenne (1835-1884)

décoration de l'église, le tableau peint par Lacoste, représentant Saint-Martin à cheval, coupant son manteau pour en donner la moitié à un pauvre.

3 mai 1853. — Le Conseil municipal vote 8.500 francs, pour la reconstruction du presbytère. Le curé donne 2.500 francs et la fabrique 1.000 francs dans le même but. Plus tard, le 5 août 1856, le Conseil municipal se charge d'un complément de dépenses.

15 novembre 1854. — Bénédiction de la nouvelle école des garçons de la rue de la Petite-Levée (rue Dupont-Grandjardin), par Vincent, vicaire général du diocèse, et installation des Frères des Ecoles chrétiennes.

4 juin 1855. — Par acte devant Godefroy, notaire à Mayenne, Louis-Anne-Abel Georges fait donation à la ville de Mayenne de diverses valeurs s'élevant à 16.143 fr. 20 pour l'établissement et l'entretien de deux écoles primaires, l'une à Notre-Dame et l'autre à Saint-Martin, dirigées par des Frères des Ecoles chrétiennes.

Octobre 1856. — On remplace dans l'église les bancs par des chaises.

Mars 1857. — La fabrique vend, pour le prix de 2.500 francs, à l'abbé Bossuet, vicaire de la Madeleine, à Paris, un calice ayant appartenu à Bossuet, évêque de Meaux. Ces fonds servirent à payer les chaises qui, comme on vient de le dire, furent placées à cette époque dans l'église pour remplacer les bancs.

12 novembre 1857. — Par acte devant Hippolyte Dumoutier, notaire à Mayenne, Louise-Françoise-Julienne Lefaucheux, veuve de François-Gabriel Piquet, fait donation à la ville de Mayenne d'une somme de 4.000 fr. « à la charge par les Hospices de recevoir, gratuitement et à perpétuité, tout passager indigent, malade ou fatigué, homme ou femme indistinctement, sur la désignation et la présentation qui en serait faite par le curé de Saint-Martin et par ses successeurs, sans autre forma-

lité préalable. Le séjour de ce passager serait de trois jours au plus, mais il pourrait être prolongé par le médecin des hospices, s'il le jugeait nécessaire à l'état du malade ».

Par autre donation, passée devant ledit Dumoutier, le 13 janvier 1863, la même personne fait une semblable fondation en faveur d'un second voyageur, moyennant le paiement d'une somme de 5.000 fr.

1858. — Acquisition d'un orgue de chœur, de la maison Merklin. Il coûte 6.000 fr.

13 octobre 1860.— Bénédiction de la Salle d'asile occupée par les Filles de la Charité d'Évron. Y assistent le Sous-Préfet, le Maire, les Adjoints, les Conseillers municipaux et un grand nombre de personnes.

31 janvier 1861.— Les lainiers de Saint-Martin avaient fondé, par acte devant Godde, notaire, le 29 juillet 1670, un office solennel comprenant matines à neuf leçons, grand'messe, vêpres, le tout avec chapes et tuniques, carillon des cloches.

Au commencement du XIXe siècle on célébrait, le 3 février, jour de saint Blaise, deux services, l'un pour les lainiers morts et l'autre pour les lainiers vivants. Comme ces services coûtaient plus que le montant de la rente affectée à cette fondation, qui était seulement de 19 fr. 41, l'évêque réduisit, le 31 janvier 1861, à deux messes, l'une chantée et l'autre de troisième classe, la charge imposée par l'ancienne fondation.

2 novembre 1861. — Bénédiction de la Chapelle des âmes du Purgatoire, construite au sud de l'église, sur partie de l'ancien cimetière, avec ouverture sur le déambulatoire du chœur.

7 novembre 1861. — Casimir-Alexis Wicart, évêque de Laval, érige canoniquement, en l'église de Saint-Martin, l'Association pour le soulagement des âmes du Purgatoire. Cette association fut agrégée à l'Archi-

confrérie du même nom établie dans l'église de Sainte-Marie-in-Monterone, à Rome.

1862. — On refait les voûtes de la nef et du chœur. Aux deux piliers qui sont à l'entrée du chœur, sont adossés les autels du Sacré-Cœur et de saint Joseph.

1862. — Pose des vitraux de la chapelle du chevet, sortis des ateliers de Fialex.

1864. — La procession de la Fête-Dieu réunit le clergé de la ville en 1864. L'évêque de Laval la présidait. Des reposoirs avaient été dressés sur les deux paroisses.

1864. — Acquisition d'un nouveau chemin de croix, d'une bannière et d'un baldaquin pour la décoration du maître autel.

1864. — Le catéchisme de persévérance, en usage dans la paroisse « et qui allait bien », est, sur la demande de l'évêque, remplacé par l'Association de la Sainte-Famille, ayant le curé pour directeur.

1866. — Les peintures murales de la Chapelle des âmes du Purgatoire sont faites par Jazel, de Laval.

1er Février 1866.— La veuve François-Gabriel Piquet, née Louise Lefaucheux, fait, par acte devant Jules-Henri Lancelin, notaire à Mayenne, donation à la Fabrique d'un jardin entouré de murs, nommé le Grand-Jardin, et du pavillon qui s'y trouve, situés à Mayenne, rue des Vallées (actuellement rue Françoise-du-Bailleul), joignant d'un bout la rue et d'autre bout le jardin du presbytère.

1868. — Acquisition par le curé Pellier du Prieuré, (la Periolée), moyennant un prix de 75.000 fr., pour y installer les religieuses de l'Espérance ou de la Sainte-Famille, de Bordeaux, qui se dévouent au soin des malades.

1869. — Installation au Prieuré des religieuses de l'Espérance. L'évêque bénit, le 29 mars, une pièce de leur habitation servant de chapelle.

11 Septembre 1869. — La supérieure des Filles de la Charité d'Evron déclare au curé de Saint-Martin qu'elle ne peut accéder à son désir d'avoir, dans sa paroisse, quelques religieuses « pour les classes payantes ». Le curé fait alors appel au dévouement d'une laïque, Stéphanie Louis, qui ouvre le pensionnat libre de Saint-Louis-de-Gonzague. Il ne cessa d'être le protecteur de cet établissement, que dirige actuellement Mlle Irma Appert.

10 Mars 1871. — Le Conseil municipal prend la résolution de faire l'acquisition d'un terrain de 1 hectare 68 ares 70 centiares, n° 114 de la section C du cadastre, situé à Mayenne, au nord du champ de foire de la Madeleine, appartenant à Cheverus, de Bourgnouvel. Ce terrain est destiné à servir de cimetière pour la paroisse de Saint-Martin. Ce projet ne fut pas suivi.

1871. — Le père Monsabré donne un sermon de charité à Saint-Martin, suivi d'une quête pour les orphelins d'Alsace-Lorraine. L'évêque avait difficilement accordé au prédicateur l'autorisation de prêcher dans son diocèse. Il le regardait comme trop libéral, mais avait fini par céder aux instances du curé, de Boullier de Branche, Bigot et Châtelain, alors membres de l'Assemblée nationale.

1872. — Une chapelle de l'église est dédiée à Notre-Dame de Pontmain. Ce fut la première du diocèse qu'on consacra sous le vocable de Notre-Dame de l'Espérance de Pontmain.

28 Janvier 1873. — Vente d'une portion de terrain, près de l'église, par Pierre Pellier, curé de Saint-Martin, à la Fabrique, par contrat devant Me Ravault, notaire à Mayenne.

1874. — Pose du vitrail de l'Immaculée Conception, au-dessus du portail.

1875. — On place les vitraux du chœur.

1876. — Refonte par A. Havard, de Villedieu-les-Poêles, de deux anciennes cloches et acquisition d'une grosse cloche, donnant le *do*.

La grosse cloche porte cette inscription :

« 1876. — S. S. Pie IX, pape.

« Mgr Casimir Wicart, évêque de Laval.

« Bénite pour l'église Saint-Martin de Mayenne par M. Baudry, vicaire général, nommée Clémentine-Joséphine par M. Joseph Coquereau, chanoine, curé de Saint-Laurent de Paris, et Mme Clémentine Durand-Jailliard, épouse de M. Durand, président du tribunal de commerce.

« MM. P. Pellier, curé-archiprêtre, — L. Barré, G. Lemonnier, vicaires ;

« MM. Boullier de Branche, maire ; — J.-B. Gillard, secrétaire ; Mottin-Desroches, trésorier ; Durand ; E. Robbes, fabriciens ».

La seconde cloche porte :

1° *Sur une face :*

« *1850.* — Bénite par Mgr Bouvier, évêque du Mans, nommée Céline-Charlotte par M. Charles Daguillon, substitut du procureur de la République, et Mlle Céline Leveillé.

« MM. Pellier, curé ; — A. Desroches ; A. Féron ; J.-B. Gillard ; J. Lemarchand ; L. Leprince, fabriciens ».

2° *Sur une autre face :*

« *1876.* — Bénite pour l'église Saint-Martin de Mayenne par M. l'abbé Baudry, vicaire général, nommée Anne-Pierre par M. Pierre Pellier, chanoine honoraire, archiprêtre, curé de Saint-Martin de Mayenne, et Mme Anne Gillard, épouse de M. J.-B. Gillard, secrétaire du Conseil de Fabrique.

« MM. Boullier de Branche, maire de cette ville ; — P. Pellier, curé ; — Lemonnier et Barré, vicaires ; — J.-B. Gillard, secrétaire ; Mottin-Desroches, trésorier ;

Durand-Jailliard, président du Tribunal de commerce ; Robbes, fabriciens ».

La 3e cloche porte :

1° *D'un côté :*

« *1850.* — Nommée Eléonore-Adolphine par M. Adolphe Féron, conseiller municipal, et Mme Victor Leveillé.

« A. Desroches ; A. Féron ; J.-B. Gillard ; J. Lemarchand ; L. Leprince, fabriciens ; — Pellier, curé ».

2° *D'un autre côté :*

« *1876.* — Bénite pour l'église de Saint-Martin de Mayenne par M. l'abbé Baudry, vicaire général, nommée Eléonore-Adolphine par M. Adolphe Féron, conseiller municipal, et Mme Féron, son épouse, née Joséphine-Marie Féron.

« Boullier de Branche, maire ; — P. Pellier, curé-archiprêtre ; — Croisé, Lemonnier, L. Barré, vicaires.

« J.-B. Gillard, secrétaire ; Mottin-Desroches, trésorier ; Durand, président du Tribunal de commerce, fabriciens ».

Comme on vient de le voir, on reproduisit sur les nouvelles cloches les inscriptions des anciennes.

1877. — Entrée solennelle, à Mayenne, de Le Hardy du Marais, évêque de Laval. « Le cortége part de l'entrée de la ville sur la route de Laval, les deux paroisses réunies. L'évêque visite d'abord l'église de Saint-Martin, puis se rend au Petit-Séminaire, en passant par l'église de Notre-Dame ». Vif mécontentement du curé de cette paroisse parce que l'évêque n'était pas allé d'abord à son église et avait fait sa première visite à celle du « faubourg ».

20 Mars 1877. — On projète de construire un clocher dans le style romano-bysantin du XIe siècle, pour l'harmoniser avec ce qui reste de l'ancienne église ; le Conseil municipal vote 30.000 fr. pour cette construction.

1878. — La procession du second dimanche du Sacre

fut présidée par l'évêque du diocèse. Il y eut réunion du clergé de la ville, parcours sur les deux paroisses, entrée à l'église de Saint-Martin et retour à l'église de Notre-Dame. Les prêtres avaient été rangés eu égard à leur âge et à leurs dignités.

1878. — La Congrégation des Enfants de Marie est établie au pensionnat de Saint-Louis-de-Gonzague. Le curé fait à cette occasion l'éloge suivant de cette maison, qui est consigné dans les annales de la paroisse : « Le pensionnat Saint-Louis-de-Gonzague continue à former une jeunesse vouée à l'étude et à la vertu; aussi cet établissement, depuis qu'il existe c'est-à-dire depuis 1870, a-t-il joui de l'estime général et de la sympathie du plus grand nombre; on y trouve un oratoire où l'on offre le Saint sacrifice et où l'on conserve le Saint-Sacrement ».

28 Mai 1879. — Le Conseil municipal, prévoyant le prolongement vers le nord-ouest de l'avenue de la gare et de la rue Mazarin, dit qu'il n'y a pas lieu, pour le moment, de construire une tour à l'église de Saint-Martin parce qu'elle serait un jour un obstacle à l'ouverture de l'une de ces voies.

1879. — Acquisition, moyennant un prix de 18.000 fr., d'une maison, située rue Saint-Martin, n° 68, près de la Samaritaine, pour servir d'école libre, dirigée par les Frères de la Doctrine chrétienne.

1879. — « L'évêque de Laval, Le Hardy du Marais, écrit l'un des vicaires de la paroisse, désireux d'encourager le bien partout où il se fait, (comme il tient à le dire lui-même), vient présider la distribution des prix au pensionnat de Saint-Louis-de-Gonzague. Cette action est bien interprétée à Saint-Martin, *non item in alterâ ripâ* ». Il y a, en effet, sur cette autre rive de la Mayenne, le pensionnat de Notre-Dame, tenu par les Filles de la Charité d'Evron, et les amis de celles-ci ne virent pas sans déplaisir l'honneur qui fut fait à l'établissement rival de Saint-Martin.

1879-1880. — Le froid rigoureux de l'hiver occasionne de nombreuses maladies. En trois mois, la paroisse compte trente-huit décès.

1880. — Fermeture de l'école libre tenue par les Frères.

1880. — Melle Lemercier meurt, laissant à la fabrique un legs de 10.000 fr. dont les intérêts doivent servir à assurer une station de carême. Le gouvernement n'autorise pas cette libéralité, en s'appuyant sur le décret du 26 septembre 1809 qui défend toutes les missions en général.

1881. — Fondation de l'Œuvre des Tabernacles.

2 juillet 1883. — Le directeur du journal « Le Petit Mayennais » est condamné en Cour d'assises, à Laval, pour avoir diffamé le curé Pellier. Gandais, maire républicain de Mayenne, fait devant la Cour « l'éloge de cet excellent prêtre, qui depuis soixante ans exerce son ministère dans cette ville et y est vénéré ».

27 septembre 1884. — Date du décès de Pierre Pellier, curé-archiprêtre de Saint-Martin, chanoine honoraire. Selon son désir, il meurt « sans argent et sans dettes ». Par son testament olographe, du 28 octobre 1882, il avait institué pour son légataire universel Edmond de Brunville, qui devint ainsi propriétaire à Mayenne : 1° de l'habitation et de l'enclos occupés par les religieuses de l'Espérance et de ses dépendances, qu'on appelle « le Prieuré », et 2° de la maison, rue Saint-Martin, n° 68, dans laquelle les Frères avaient été placés (1).

16 novembre 1884. — Installation de l'abbé Almire-Louis-Alexandre Forveille, curé-archiprêtre de Saint-Martin, par Bouvier, vicaire général de l'évêque de Laval qui ne devait pas tarder à devenir évêque de

(1) V. sur l'origine de la propriété du Prieuré, un contrat de vente devant Me Ravault, notaire à Mayenne, du 27 janvier 1869.

Chevrinais, phot.
Repr.

Almire-Louis-Alexandre FORVEILLE

Curé de Saint-Martin de Mayenne (1884-1897)

Tarentaise. Le nouveau curé, né à Montenay le 28 juin 1832, avait été nommé par l'évêque le 31 octobre.

1885. — Peinture par Renouard, du Mans, de l'avant-chœur, des chapelles et autels de Saint-Martin et de Notre-Dame de Pitié, ainsi que des deux autels du Sacré-Cœur et de saint Joseph : coût 3.317 fr.

1er octobre 1885. — Translation des restes de l'ancien curé Pellier, du cimetière dans la Chapelle du purgatoire, translation autorisée par le Ministre des cultes. Parmi les assistants, dont le nombre est considérable, on remarque le Sous-Préfet, le Maire, le Président du Tribunal civil.

Sur une plaque de marbre blanc surmontée d'une croix, appliquée contre le mur nord-est de la chapelle à la tête de la tombe du défunt, on voit le monogramme du Christ accosté d'un alpha et d'un oméga. Ce monogramme est formé d'un X et d'un P, premières lettres du nom grec XPICTOC. Au-dessous se trouve cette épitaphe : « D'ici ressuscitera vénérable et discret maître Pierre Pellier, chanoine honoraire de Laval, curé-archiprêtre de Saint-Martin de Mayenne, né à Forcé le 7 février 1798, ordonné prêtre au Mans le 10 août 1824, nommé ce jour vicaire à Notre-Dame de Mayenne, nommé curé de Saint-Martin de Mayenne le 26 Décembre 1834, décédé le 27 septembre 1884. Il a aimé la beauté de la maison de Dieu (ps. 25). Ses œuvres feront à jamais son éloge dans l'assemblée des fidèles (Ecclés. 39). Nous l'avons aimé pendant sa vie, ne l'oublions pas après sa mort (saint Ambroise). Requiescat in pace ».

1886. — Les secours accordés par le Bureau de Bienfaisance cessent d'être distribués aux pauvres de Notre-Dame par les Dames de charité. L'ancien usage subsiste à Saint-Martin.

1887. — Construction d'une nouvelle sacristie, du côté du Prieuré.

1887. — Organisation d'une bibliothèque paroissiale. Des femmes dévouées en prêtent gratuitement les livres les 1er et 3e dimanches de chaque mois, après les Vêpres.

21 Avril 1888. — Louis-Victor-Emile Bougaud, nommé à l'évêché de Laval le 8 novembre 1887, préconisé le 25 du même mois et sacré dans la cathédrale d'Orléans le 2 février de l'année suivante, fait son entrée à Mayenne. Des difficultés de préséances surgissent à cette occasion entre M. Forveille, archiprêtre, curé de Saint-Martin (1), et M. Patry, curé-archiprêtre de Notre-Dame. Voici en quels termes on les racontait à Saint-Martin : « L'archi-« prêtre de Notre-Dame, M. Patry, mécontent de ce qui « s'était passé, en pareille occasion, sous Monseigneur « le Hardy du Marais, en 1877 et 1878, promit publique-« ment en chaire de revendiquer hautement à l'évêché « les droits d'église principale et d'église-mère pour « Notre-Dame. Fort de l'appui de quelques-uns, M. Patry « ne doutait point du triomphe, non plus que ses parois-« siens dont quelques uns étaient surexcités. Le curé de « Saint-Martin fut appelé en débat contradictoire avec « son confrère de Notre-Dame devant le Conseil épis-« copal, présidé par Mgr Bougaud. Après avoir instruit « la cause et pris l'avis de ses conseillers, Monseigneur « régla comme suit le cérémonial de sa visite à « Mayenne. Sa grandeur serait reçue à l'entrée de la « route de Laval par les deux clergés. Elle baiserait le « crucifix qui lui serait présenté par le curé de Saint-« Martin, en chape ainsi que celui de Notre-Dame. Les « clergés de Saint-Martin et de Notre-Dame occuperaient « parallèlement un côté de la route, à la suite de leurs « croix respectives. La préséance appartiendrait succes-

(1) L'archiprêtré de Saint-Martin comprend les doyennés de Saint-Martin de Mayenne, de Bais, de Pré-en-Pail, de Couptrain et de Villaines-la-Juhel.

« sivement à chaque curé sur son territoire. Le dais de « Saint-Martin servirait jusqu'à la limite de sa paroisse. « Là, il serait remplacé par le dais de Notre-Dame. Cet « ordre fut exactement suivi dans tous ses détails, hormis « cette dernière prescription, M. Forveille ayant prié son « confrère de vouloir bien envoyer son dais dès la sortie « de l'église de Saint-Martin ».

Des questions de préséances divisèrent toujours les curés de Saint-Martin et de Notre-Dame. Nous aurions pu relever beaucoup d'autres incidents. A toutes les entrées solennelles des évêques à Mayenne, c'était une lutte de chaque curé pour avoir l'honneur de le recevoir le premier, dans son église. Démarches, sollicitations, l'évêque écoutait tout, ne savait trop que faire, eût voulu contenter ses deux archiprêtres, n'y réussissait pas et n'en pouvait mais. Disons que l'embarras de l'évêché s'explique aisément. Il lui était difficile d'accorder une préférence à l'une des paroisses de Mayenne plutôt qu'à l'autre. Leur antiquité se perd dans la nuit des âges. Quant à la supériorité de Notre-Dame, fondée simplement sur l'importance de la population et la beauté de son église, elle n'était pas de celles qui s'imposent absolument.

Toute compétition a pris fin depuis que l'église de Notre-Dame a été érigée en basilique mineure. La primauté lui appartient sans conteste. Du reste la rivalité qui existait entre les deux curés de Mayenne allait nécessairement cesser. La Congrégation du Concile décidait le 28 février 1891, relativement aux préséances et à l'extinction des privilèges des anciennes églises de France, qu'une église ne possédait que les droits qui lui avaient été accordés en 1802 ou ceux qu'elle avait acquis depuis cette époque, qu'enfin les préséances entre les curés de canton devaient être réglées par la date de la première nomination à l'une des cures. Cette décision fut rendue dans un procès pendant entre les curés de Notre-Dame et de Saint-Martin de Vitré.

26 octobre 1888. — Érection de la confrérie du Rosaire à Saint-Martin de Mayenne [1].

1889. — Fondation d'un patronage de jeunes ouvriers, dirigé par l'abbé Quinton. Cette œuvre est installée dans l'ancienne école de Mlle Louis, rue Saint-Martin, nº 50; elle n'eut que deux ans d'existence.

1889. — Renouard, du Mans, achève les peintures murales de l'église, c'est-à-dire de la grande nef, des bas-côtés, du pourtour du chœur et de l'autel de Notre-Dame de Pontmain, grâce à la générosité de Mme Durand née Jailliard, qui fait aussi les frais des boiseries du déambulatoire du sanctuaire.

1891. — Création du Syndicat de l'aiguille, sous le patronage de Sainte-Agathe.

7 juin 1892. — Jules Cléret, évêque de Laval, bénit la nouvelle chapelle du pensionnat de Saint-Louis-de-Gonzague, qui est sous le vocable du Sacré-Cœur de Jésus.

1893. — La chapelle du Sacré-Cœur, dite le Petit-Montmartre, située paroisse de Saint-Martin, dans le champ dit des Trois-Coins, entre la route de Laval et le chemin de la Tricotière, est construite aux frais et par les soins d'Aimée Tripier de Laubrière. Elle a pour architecte Jules Tessier de Mayenne. Deux bienfaitrices Aimée Tripier de Laubrière et aussi la baronne de Sarcus avaient d'abord tenté d'acheter de Lemarchant, maire de Gorron, le champ dit de la Croix des Martyrs de la Révolution, pour y faire construire une chapelle expiatoire. N'ayant pu l'obtenir « malgré maintes négociations laborieuses », elles se résolurent à faire l'acquisition du terrain où est édifiée la chapelle du Sacré-

(1) V. à l'Appendice, note I, les pièces concernant l'érection de la confrérie du Rosaire.

Chevrinais phot.

M. Solange Orillard

Curé de Saint-Martin de Mayenne (1897-)

Cœur. Parmi les bienfaiteurs de ce sanctuaire citons : Madame Chabrun, née Lebreton, Madame Durand-Jaillard, Madame Morisset, la famille de Brunville.

Au tympan de la porte de la chapelle on a sculpté dans le granit « un cœur percé de deux flèches empennées posées en sautoir au travers du cœur, le tout entouré d'une couronne d'épines sommée d'une croix pattée chargée d'un besant à la croisure ». Les émaux ne sont pas figurés.

Les vitraux semblables à ceux de l'église de la Madeleine du Sacré-Cœur à Angers ont été faits dans les ateliers de Meignen, Clamens et Bodereau, d'Angers. L'autel en marbre blanc, dessiné par M. Tessier, a été sculpté par M. Clément de Rennes. La statue du Sacré-Cœur et les deux anges adorateurs sont venus d'Italie. La pietà et le saint Pierre en métal sortent des manufactures de Lyon.

On lit :

1° Sur le socle de la pietà : « Offerte par la baronne de Sarcus en souvenir de son fils René-Jean-Marie, comte de Sarcus, né à Mayenne, le 15 janvier 1857, décédé à Mayenne, le 29 septembre 1888, dans sa 32me année ».

2° Sur le socle de la statue de saint Pierre : « Offert par Mademoiselle Aimée de Laubrière en reconnaissance et comme souvenir de son pèlerinage à Rome, avril 1866, avec M. de Brunville, écuyer, président de la conférence de Saint-Vincent-de-Paul de Mayenne, accompagnés par M. Pellier, curé-archiprêtre de Saint-Martin de Mayenne, chanoine honoraire ».

Création du Syndicat du tissage, sous le patronage de Notre-Dame du Travail.

Février 1895. — Jugement du Tribunal de Mayenne qui attribue, en entier, à Notre-Dame le bénéfice de la donation George de 1855.

1895. — Pose de la table de communion en fer forgé de la chapelle du Sacré-Cœur.

15 mai 1896. — Vente par Aimée Tripier de Laubrière à M. l'abbé Bourdon, professeur au Petit-Séminaire de Mayenne, et à l'abbé Joseph, curé de Saint-Georges-Buttavent, acquéreurs tontiniers, de la chapelle du Sacré-Cœur et des immeubles adjacents, suivant acte devant Me Ravault, notaire à Mayenne.

1896. — Rétablissement de l'œuvre de l'Apostolat de la prière, qui existait autrefois à Saint-Martin.

Vendredi 16 octobre 1896. — Entrée solennelle à Mayenne, de Mgr Geay, évêque de Laval. Il se rend d'abord au Petit-Séminaire. Le dimanche suivant, il va directement à l'église de Saint-Martin, y assiste à la grand'messe, puis déjeune au presbytère de cette paroisse. L'après-midi, il allait à Notre-Dame pour y bénir la statue de Jeanne d'Arc du parvis. La venue de l'évêque avait donné lieu à de vives discussions entre les deux curés. Dans quelle église entrerait-il en premier lieu ? Le chef du diocèse avait pris le parti, comme on vient de le voir, d'aller avant tout au Petit-Séminaire, pour ne contrarier ni l'un ni l'autre de ses archiprêtres.

16 juin 1897. — Date du décès de Forveille, curé de Saint-Martin.

Il est inhumé dans le cimetière. On lit sur son tombeau : « A ✝ F. — A la chère mémoire de celui qui fut vénérable et discret maître Almire-Louis-Alexandre Forveille, successivement économe du Collège ecclésiastique de Château-Gontier, curé d'Aron, doyen d'Argentré, archiprêtre de Saint-Martin de Mayenne, chanoine honoraire. — 1832-1897. — Homme ferme et doux, savant et modeste, prêtre digne et grave, pieux et charitable, le pasteur vigilant et dévoué, il a passé en faisant le bien comme son divin maître. — Souvenez-vous de lui devant Dieu ».

17 Septembre 1897. — M. Solange Orillard, curé d'Avesnières, prend possession de la cure de Saint-Martin. Il est installé, le 3 octobre suivant, par M. Chartier, vicaire général.

1898. — Fondation de l'Adoration du Saint-Sacrement.

2 septembre 1898. — M. Orillard, curé de Saint-Martin, bénit la première pierre de la chapelle des religieuses de l'Espérance de Saint-Martin, contiguë à la place de l'Eglise.

1898-1899. — Construction de cette chapelle. Le gros-œuvre est seulement achevé.

9 novembre 1898. — Vente par Gérault et la veuve Gaisnon, concernant l'Ecole libre des filles de Saint-Martin, suivant contrat devant Me Perrot, notaire à Mayenne.

1899. — Apports à la Société des Ecoles libres dont le siège est à Laval, faits par Mlle Lemarchand et Mme Gaisnon, d'immeubles situés à Mayenne, entre la rue Saint-Martin et la rue de la Croix-Melleray (qui seront occupés par l'Ecole libre des filles), ainsi qu'il appert d'un contrat devant Me Derme, notaire à Laval.

1900. — Le conseil de fabrique fait un nouveau tarif des droits à percevoir à l'occasion de la sonnerie des cloches, du jeu des orgues et des fournitures pour les baptêmes, les mariages et les sépultures (1).

1900. — Le conseil de fabrique fait approuver un tarif du luminaire et des crêpes fournis pour les sépultures (2).

1900. — Les dames de charité de Saint-Martin donnent leur démission.

26 mars 1900. — Le Conseil municipal vote 3.400 fr. pour la réfection de la couverture de la nef et du clocher de l'église.

(1) V. à l'Appendice note J, la délibération du conseil de fabrique.
(2) V. ce tarif à l'Appendice, note K.

1900. — Construction de l'Ecole libre des filles de Saint-Martin, par M. Jules Tessier, architecte.

1901. — Depuis quelques années la situation de Mgr Geay était devenue difficile dans le diocèse. La plupart des archiprêtres et doyens crurent nécessaire de lui faire savoir un état de choses dont il n'avait peut-être pas conscience. Voici la lettre collective qu'ils lui adressèrent : « Monseigneur, il est temps de vous faire connaître les pénibles impressions que produisent dans le diocèse les accusations graves dont Votre Grandeur est l'objet. Que vous n'ayez point de reproches à vous faire, Monseigneur, nous prêtres, nous voulons bien le croire, mais dans le public il y a généralement plus que des doutes à cet égard. Aussi le scandale va-t-il croissant : les bons sont consternés, les méchants triomphent ; le bien est entravé, les œuvres sont en souffrance ; un malaise général règne dans le diocèse. Quant à votre clergé en particulier, Monseigneur, il gémit ; il est profondément blessé, humilié en voyant son chef méprisé, indignement traité, vilipendé, traîné dans la boue. Plus directement et plus habituellement mêlés aux populations que les prêtres qui composent votre entourage, nous, archiprêtres et doyens, soussignés, nous nous rendons mieux compte de l'état des esprits et c'est à nous par conséquent qu'il appartient surtout de vous renseigner. Nous prenons la liberté de le faire, Monseigneur, en notre nom et au nom des prêtres de nos doyennés avec l'espoir ou plutôt la conviction que cette adresse éclairera Votre Grandeur et que vous voudrez, dans l'intérêt de la religion et du bien, faire cesser par moyen ou autre, une situation véritablement déplorable et qui n'a déjà que trop duré. Veuillez agréer, Monseigneur, l'hommage de notre soumission et de notre respect.

Cette lettre était signée par MM. Barré, archiprêtre

La Chapelle du Sacré-Cœur

Paroisse de Saint-Martin de Mayenne

de la Cathédrale; Huignard, archiprêtre de Saint-Vénérand; Orillard, archiprêtre de Saint-Martin de Mayenne; Lefebvre, archiprêtre d'Ernée, — et de MM. les doyens : Broust, de Bais ; Bouillet, de Villaines ; Duparc, de Lassay ; Royer, d'Ambrières ; Letoré, de Couptrain ; Rousseau, du Horps ; Reverdy, d'Argentré ; Fromentin, de Loiron ; Delaunay, de Montsurs ; Vannier, d'Evron ; Le Jariel, de Meslay ; Landais, de Sainte-Suzanne ; Daniel, de Craon ; Guesnier, de Grez-en-Bouère ; Milet, de la Roë ; Bridier, de Saint-Denis-d'Anjou. — Deux archiprêtres et cinq doyens crurent devoir s'abstenir : MM. Patry, archiprêtre de Notre-Dame ; Baguelin, archiprêtre de Château-Gontier ; Guérin, doyen de Chailland ; Prodhomme, doyen de Gorron ; Pierrel, doyen de Landivy ; Brunet, doyen de Pré-en-Pail ; Crouillebois, doyen de Cossé-le-Vivien.

Cette lettre demeura sans réponse. Mgr Geay ne jugea pas nécessaire de se justifier, mais, en 1904, appelé à Rome, il remit entre les mains du pape sa démission d'évêque de Laval.

1903. — L'église est éclairée au gaz.

16 février 1906. — Inventaire du mobilier de l'église. — « MM. Solange Orillard, curé-archiprêtre de Saint-« Martin, Théophile Chauveau, Ernest Orillard et Vic-« tor Gilles, vicaires, Gustave Féron, président du con-« seil de fabrique, Emile Gouvrion, président du conseil « des marguilliers, Eugène Gillard, trésorier, Alexis « Caigné et Jules Tessier, membres du conseil, — con-« sidérant que l'inventaire qu'on se propose de faire est « une mesure inutile, vexatoire, odieuse, qui peut avoir « pour résultat, dans la suite, une spoliation sacrilège, « déclarent faire opposition formelle et absolue à son « exécution ».

De l'inventaire dressé par M. Tarbourieck, receveur des domaines, il résulte que : 1ent la mense curiale de

Saint-Martin ne consistait que dans le presbytère et ses dépendances, cour et jardin, d'une contenance de 41 ares 92 centiares; 2ent que la fabrique était propriétaire : 1° du jardin, clos de murs, situé au faubourg de Saint-Martin de Mayenne, donné par Louise Lefaucheux, veuve Piquet, aux termes de l'acte sus-énoncé devant Lancelin, notaire à Mayenne, du 1er février 1866 (1) ; 2° de la portion de terrain, attenant à l'église, d'une superficie de 63 mètres carrés, vendue par Pierre Pellier, alors curé de Saint-Martin, par le contrat précité passé devant Me Ravault, notaire à Mayenne, le 28 janvier 1873; 3° et d'une rente annuelle sur l'Etat de 425 francs (anciennes inscriptions départementales).

Les fondations qui existaient à Saint-Martin, à la fin du XIXe siècle, comprenaient : 1° une messe le 5 août, fête de Notre-Dame des Neiges (fondation Jean Garnier) ; 2° une messe basse le 5 novembre (fondateur inconnu); 3° six messes basses chaque année (fondation Foucher); 4° dix messes basses chaque année (fondation Salin); 5° trois messes basses pour les trépassés (fondateur inconnu); 6° quatre messes basses chaque année aux Quatre-Temps (fondation de l'abbé Delahaye); 7° vingt-cinq messes basses chaque année (fondation de Lecottier, ancien curé de la paroisse).

20 mai 1906. — Mgr Grellier, évêque de Laval, fait sa première visite à Mayenne. Il n'y a pas d'entrée solennelle.

2 décembre 1906. — Les membres du conseil de Fabrique, considérant que l'existence de la fabrique doit prendre fin le 11 de ce mois, déclarent en terminant leurs fonctions qu'étant obligés de cesser leur gestion par suite de la loi qui les prive de leurs droits, ils demeurent du moins attachés et fidèles à l'Eglise qu'ils

(1) Voir aussi acte devant Sesboüé, notaire à Mayenne, le 13 novembre 1866.

ont toujours servie, soumis aux prescriptions du Saint-Siège et des évêques dont ils tenaient leurs principaux pouvoirs, décidés enfin, dans les nouvelles organisations possibles, à prêter le concours le plus dévoué à leurs pasteurs légitimes. Ce procès-verbal est signé : S. Orillard, G. Féron, Gouvrion, E. Gillard, J. Tessier.

1906. — Fondation de l'association catholique de la jeunesse française à Saint-Martin ; leur drapeau est bénit le jour de l'Adoration.

1909. — Construction d'un patronage laïque, au Champ de foire de la Madeleine.

12 octobre 1909. — Ouverture d'un « triduum » en l'honneur de Jeanne d'Arc. Le P. Goupil en est le prédicateur.

APPENDICE

—

A

Transaction entre le Prieur de Fontaine-Géhard et le Vicaire fermier de Notre-Dame de Mayenne [1]

(*23 mai 1463*)

Anno Domini millesimo quadringentesimo sexagesimo tertio, die verò vigesimâ tertiâ mensis Maii, post festum Paschæ, constituti personaliter in villâ Meduanæ Juhelli, in meâ notarii infrascripti præsentiâ, venerabilis et religiosus vir dominus Petrus de Origniaco, prior prioratûs conventualis Beatæ Mariæ de Fonte Gehardi, et dominus Guillelmus Guillardus, vicarius et firmarius curati seu rectoris ecclesiæ parochialis Beatæ Mariæ dicti loci Meduanæ.

Qui præfatus Guillardus, nomine quo suprà, composuit cum præfato domino priore, ex eo quia ipse receperat indebitè, et de facto jura parochialia habitantium castri Meduanæ, existentium in parochiâ Beatissimi Martini ejusdem Meduanæ, cui subjecta Beati Stephani filiola, et dependentium a præfatâ ecclesiâ Beatissimi Martini, tanquàm suæ matricis, in die festi Paschæ ultimè lapsi ; et nonnullis de dictis habitatoribus ejusdem castri utriusque sexûs sacramentum Eucharistiæ adminiraverat, et a præfatis habitatoribus summam septem alborum receperat, ut dicit ; et non vi nec per metum confessus est quòd aliquandò requisitus a non-

(1) V. *Suprà*, page 48.

nullis dictorum habitantium castri Meduanæ infirmis, detulerat sacramentum Eucharistiæ et Extremæ unctionis.

Quarè præfatus dominus prior, ratione suæ ecclesiæ Beatissimi Martini, cujus est prior curatus, et in quâ percipit duas partes oblationum et jurium parochialium, et vicarius perpetuus dictæ ecclesiæ ejusdem Sancti Martini aliam tertiam partem, ratione curæ prædictæ, valdè conquerebatur. Quapropter dicebat præfatus dominus prior præfato Guillardo, quod posuerat falcem in messem alienam, et quod contrà Deum et conscientiam prædictam summam septem alborum receperat : quarè petebat ut sibi restitueretur ; et quod injuriam fecerat præfatis ecclesiis Beatissimi Martini majoris, et Beatissimi Stephani ab ipsâ dependentis : quarè emendabilis erat.

Qui vicarius præfatus ecclesiæ Beatæ Mariæ respondit quod ipse erat contentas reddere præfatam summam septem alborum, et, ratione injuriæ, submittebatur pro emendâ ordinationi et districtioni prænominati domini prioris.

Qui dominus prior, receptâ summâ septem alborum prædictorum sibi restitutâ per ipsum vicarium firmarium, condemnavit pro dictâ emendâ et in recompensationem injuriæ factæ ecclesiæ suæ Beati Martini per dictum Guillardum, videlicet quod ipse teneretur processionaliter accedere ad præfatam ecclesiam Beatissimi Martini, convocatione populi, ut in talibus est asseretum, et ibidem celebrare seu celebrare facere unam missam de Beatissimo Martino, sequenti dominicâ, infrà octavas, instantis festi Ascensionis Domini.

Cui sententiæ acquievit præfatus Guillardus et illam promisit inviolabiliter servare, et medio juramento promisit quod a cætero similia non attentaret.

Præsentibus, dùm hæc agerentur, honestis viris

Joanne Thomassot et Guillelmo Lespicier, clerico, testibus ad præmissa vocatis et rogatis.

B

Bref du pape concernant la confrérie du Sacré-Cœur (1)

(11 avril 1731)

Clemens PP. XII ad perpetuam rei memoriam hanc cartam fecimus. — In Ecclesiâ parochiali Sancti Martini de Mayenne, cenomanensi diocese, una, pia et devota utriusque sexûs Christi fidelium confraternitas subtitulo Sacri Cordis Jesu, non tamen pro hominibus unius specialis artis, canonicè erecta seu erigenda existat, cujus confratres et consorores quàm plurimæ pietatis et charitatis opera exercere consueverunt seu intendunt. Nos, ut confraternitas ejusmodi majora in dies suscipiat incrementa, de omnipotentis Dei misericordiâ, ac Beatorum Petri et Pauli, apostolorum ejus, auctoritate confisi, omnibus utriusque sexûs christi fidelibus, qui dictam confraternitatem in posterum ingredientur, die primo eorum ingressûs, si verè pœnitentes et confessi sanctissimum Eucharistiæ sacramentum sumpserint, plenariam ; ac tàm inscriptis quàm pro tempore describendis in dictâ confraternitate confratribus et consororibus, in cujuslibet eorum mortis articulo, si verè quoque pœnitentes et confessi, ac sacrâ communione refecti, vel quatenùs id facere nequiverint, saltem contriti, nomen Jesu ore si potuerint, sin minùs corde devotè invocaverint, etiam plenariam ; necnon eisdem et pro tempore existentibus dictæ confraterni-

(1) V. *Suprà*, page 108.

tatis confratribus et consoribus, verè etiam pœnitentibus et confessis ac sacrâ communione refectis, qui prædictæ confraternitatis ecclesiam seu capellam, vel oratorium die festo principali dictæ confraternitatis per eosdem confratres semel tantùm eligendo et ab ordinaris approbando, a primis vesperis usquè ad occasum solis diei ejusdem, singulis annis, devotè visitaverint et ibi pro Christianorum Principum concordià, hæresum extirpatione, ac Sanctæ Matris Ecclesiæ exaltatione pias ad Deum preces effuderint, plenariam similiter omnium peccatorum suorum indulgentiam et remissionem misericorditer in domino concedimus. — Insuper dictis confratribus et consoribus, verè pariter pœnitentibus et confessis ac sacrâ communione refectis, ecclesiam seu capellam vel oratorium hujusmodi in quatuor aliis anni feriatis, vel non feriatis, seu dominicis diebus, per memoratos confratres semel tantùm etiam eligendis et ab eodem ordinario approbandis, ut suprà visitantibus et ibidem orantibus, quo die predictorum id egerint, septem annos et totidem quadragenas; quotiès verò missis et aliis divinis officiis in ecclesiâ, seu capellâ vel oratorio hujusmodi pro tempore celebrandis et recitandis, seu congregationibus publicis vel privatis ejusdem confraternitatis ubivis faciendis interfuerint, aut pauperes hospitio susceperint, vel pacem inter inimicos composuerint, seu componi fecerint vel procuraverint; necnon etiam qui corpora defunctorum tàm confratrum et consororum hujusmodi quàm aliorum ad sepulturam associaverint, aut quascumque processiones de licentiâ ordinarii faciendas, sanctissimumque Eucharistiæ sacramentum tàm in processionibus quàm cùm ad infirmos, aut aliàs, ubicumque et quomodòcumque pro tempore deferetur, comitati fuerint, vel si impediti, campanæ ad id signo dato, semel orationem dominicam et salutationem angelicam dixerint, aut etiam quinquies orationem et salutationem easdem pro animabus defunctorum confratrum et consororum hujusmodi recitaverint, aut devium aliquem ad viam salutis reduxerint et ignaros precepta Dei et ea quæ ad salutem sunt docuerint, aut quodcumque aliud pietatis vel charitatis opus exercuerint, totiès pro quolibet predictorum operum exercitio sexagenta dies de injunctis eis seu aliàs quomodolibet debitis pænitentiis in formâ ecclesiæ consuetâ relaxamus : præsentibus, perpetuis, futuris temporibus valituris. Volumus autem ut si aliàs dictis confratribus et consoribus præmissa peragentibus alique alia indulgentia perpetuò vel ad tempus nondùm elapsum duratura concessa fuerit, præsentes nullæ sint; utque si dicta confraternitas alieni archiconfraternitati aggregata jàm sit, vel in posterùm aggregetur, aut quàvis aliâ ratione uniatur, vel etiam quomodolibet instituatur, priores et quævis aliæ litteræ apostolicæ illis nullaterius suffragentur, sed ex tunc eo ipso nullæ sint.

Datum Romœ apud Sanctam Mariam Majorem, sub annulo piscatoris, die XI aprilis MDCCXXXI, pontificatûs nostri anno primo.

C

Faveurs pontificales pour les défunts

I. — *Bref concédant un autel privilégié à Saint-Martin* [1]

(24 août 1671)

Clemens PP. X

Ad futuram rei memoriam. — Omnium saluti paternâ charitate intenti, sacra interdùm loca spiritualibus indulgentiarum muneribus decoramus, ut indè fidelium

(1) V. *Suprà, page 113.*

defunctorum animæ domini nostri Jesu Christi, ejusque sanctorum suffragia meritorum consequi, et illis adjutæ è purgatorii pænis ad æternam salutem per Dei misericordiam perduci valeant. Volentes igitur Ecclesiam parrochialem Sancti Martini in suburbio oppidi de Mayenne, cenomanensi diocese, in quâ nullum aliud altare privilegiatum reperitur concessum, et in eâ sit altare ab ordinario designatum, hoc speciali dono illustrare, dummodò in eâ septem missæ quotidiè celebrentur, auctoritate nobis a Domino tradictâ, ac de omnipotentis Dei misericordià et beatorum Patri et Pauli, apostolorum ejus, auctoritate confisi, ut quandòcumque sacerdos aliquis dictæ Ecclesiæ duntaxat missam defunctorum in die commemorationis omnium fidelium defunctorum et singulis diebus infrà illius octovam ac feriâ sextâ cujuslibet hebdomadæ, pro animâ cujuscumque Christi fidelis, quæ Deo in charitate conjuncta ab hâc luce migraverit, ad prædictum altare celebrabit, anima ipsa de thesauro Ecclesiæ per modum suffragii indulgentiam consequatur, ità ut ejusdem Domini nostri Jesu Christi, ac Beatæ virginis Mariæ Sanctorumque omnium meritis suffragantibus Purgatorii pænis liberetur, concedimus et indulgemus. — In contrarium facientibus nonobstantibus quibuscumque præsentibus ad septemnium tantùm valituris.

Datum Romæ apud Sanctam Mariam Majorem, sub annulo piscatoris die XXIV Augusti MDCLXXI, pontificatûs nostri anno secundo.

I. — *Bref accordant un autel privilégié de la Vierge (23 Octobre 1685)*

Innocentius PP.

Ad futuram rei memoriam. — Omnium saluti paternâ charitate intenti, sacra interdùm loca spiritualibus indulgentiarum muneribus decoramus, ut indè fidelium defunctorum animæ Domini nostri Jesu Christi, ejusque Sanctorum suffragia meritorum consequi, et illis adjutæ è Purgatorii pœnis ad œternam salutem per Dei misericordiam perduci valeant. — Volentes igitur Ecclesiam parrochialem Sancti Martini in suburbio oppidi de Mayenne, cenomanensi diocese, in quâ nullum aliud altare Beatæ Virginis.

Privilegio minimè decoratum, hoc speciali dono illustrare, dummodò in eâ septem missæ quotidiè celebrentur, de Omnipotentis Dei misericordiâ ac Beatorum Petri et Pauli, apostolorum ejus, auctoritate confisi, ut quandòcumque sacerdos aliquis ejusdem ecclesiæ duntaxat missam defunctorum, in die commemorationis defunctorum et singulis diebus infrà illius octavam, ac feriâ, quartâ cujuslibet hebdomadæ, pro animâ cujuscumque Christi fidelis, quæ Deo in charitate conjuncta ab hâc luce migraverit, ad predictum altare celebrabit, anima ipsa de thesauro Ecclesiæ per modum suffragii indulgentiam consequatur, ità ut ejusdem domini nostri Jesu Christi ac Beatæ Virginis Mariæ, sanctorumque omnium meritis sibi suffragentibus Purgatorii pænis liberetur, concedimus et indulgemus. In contrarium facientibus non obstantibus qui buscumque prœsentibus ad septemnium tantum valiturìs.

Datum Romæ apud Sanctam Mariam Majorem, sub annulo Piscatoris, die XXIII octobris MDCLXXXV (23 octobre 1685), Pontificatûs nostri anno decimo.

D

Célébration d'un mariage religieux dans une maison particulière [1]

(1796)

Le premier du mois d'août mil sept cent quatre-vingt-seize,

Nous, prêtre non assermenté, soussigné,

La publication des bans faite à la Maison commune de la ville de Mayenne et les fiançailles faites.

Dans une chambre particulière de la ville,

Après avoir reçu le consentement de mariage,

Avons donné la bénédiction nuptiale, selon les rites de l'église catholique, apostolique et romaine, à François-Jean Le Pescheux, âgé de vingt-neuf ans, né à Mayenne et issu du légitime mariage de François-Jean Le Pescheux et de Thérèse Le Breton, morte en l'année 1781, d'une part, — et à Marie-Marguerite Goyet, fille mineure, issue du légitime mariage de François Goyet-Launay, demeurant en la paroisse de Saint-Martin de Mayenne, et de Marie-Anne-Marguerite Garnier, d'autre part,

Et ce en présence et du consentement de François-Jean Le Pescheux, père de l'époux, de Marie-Jeanne Le Pescheux, femme de François-Pierre Bourdin, sœur de l'époux, de François-Pierre Bourdin, son beau-frère, de François Goyet-Launay, père de l'épouse, — de René Coignard, notaire public à Mayenne, de Pierre Girard, cultivateur, de Rose-Emilie Le Bourdais, de Marguerite Baguelin, de Désirée-Marthe Gougis, de Félicité-Désirée Mesnager, de Grégoire Gougis, marchand, d'Adelaïde-

(1) V. *Suprà*, page 137.

Vitale Gougis, femme de René Dubois, et de plusieurs autres parents et témoins, qui ont signé avec nous.

Suivent les signatures.

E

Liste des fabriciens et marguiliers de Saint-Martin, de 1810 a 1886 (1).

1819. — Chasseboeuf (Jacques);
1812. — Desjardins (César);
1814. — Lemarié (Vincent);
1814. — Benoiste-Maupetit;
1816. — Desclos (Louis-Philippe);
1816. — Fossé;
1816. — Piquet;
1817. — Pottier (Marin);
1820. — Lebourdais, père;
1821. — Lebourdais (Théodore), fils;
1821. — Féron (Noël-Thomas), négociant;
1821. — Desroches (Arsène), fabricant;
1821. — Oger (César), tanneur;
1825. — Meslay (Pierre);
1825. — Goyet-Desmarres (François);
1832. — Lemarchant (Constant), juge de paix;
1833. — Leprince (Louis), fabricant;
1839. — Moussay (Jean-Benoit), fabricant;
1839. — Mathourais (Vincent);
1842. — Lebrun (Victor);
1844. — Gillard (Jean-Baptiste), fabricant;
1848. — Féron (Adolphe);
1848. — Lemarchand (Joseph-Urbain);

(1) V. *Suprà*, page 138.

1858. — Riandière-Laroche (E.), pharmacien ;
1858. — Gérard (Charles) ;
1860. — Leprince (Louis) ;
1860. — Tarentaine (Pierre) ;
1867. — Mottin-Desroches (Louis) ;
1869. — Durand (Hippolyte) ;
1870. — Robbes (Elphège) ;
1876. — Féron (Adolphe), père ;
1881. — Couillard (Auguste) ;
1886. — Féron (Gustave) :
1886. — Gillard (Eugène) ;
1888. — Caigné (Alexis) ;
1888. — Gouvrion (Emile), ancien notaire ;
1892. — Duhail (Emile) ;
1894. — Duhail (Charles), pharmacien.

F

COMPTE GÉNÉRAL RENDU PAR MATHIEU RONDEAU, MARGUILLIER DE SAINT-MARTIN DE MAYENNE, DE SA GESTION DU 10 AOUT 1800 AU 10 MAI 1804 (1).

I. — RECETTES

Année 1800

201 chaises ou bancs, à 3# 12s par an.	723# 12s
100 chaises ou bancs, à 2# 8s........	240#
10 stalles, à 6#......................	60#
Produit des quêtes	850#
Année 1801	
201 chaises ou bancs, à 3# 12s par an.	723# 12s
100 chaises ou bancs, à 2# 8s........	240#
A reporter...	2.837# 4s

(1) V. *Suprà*, page 138. Comme on va le voir dans cette note, le marguillier continuait de se servir des anciennes expressions « livres et sous ».

Report...	2.837$^{\#}$ 4^{s}
10 stalles, à 6$^{\#}$	60$^{\#}$
Produit des quêtes	715$^{\#}$

Année 1802

201 chaises ou bancs, à 3$^{\#}$12^{s} par an.	723$^{\#}$12^{s}
100 chaises ou bancs, à 2$^{\#}$ 8^{s}........	240$^{\#}$
10 stalles, à 6$^{\#}$	60$^{\#}$
Produit des quêtes.................	1.016$^{\#}$

Année 1803

201 chaises ou bancs, pendant 9 mois, à 3$^{\#}$12^{s} par an......................	542$^{\#}$ 6^{s} 6^{d}
100 chaises ou bancs, pendant 9 mois, à 2$^{\#}$ 8^{s} par an......................	180$^{\#}$
10 stalles pendant 9 mois, à 6$^{\#}$ par an.	45$^{\#}$
Produit des quêtes pendant 9 mois...	589$^{\#}$ 4^{s} 4^{d}
Produit de dons faits, « sous le plus grand secret, par divers habitants de Saint-Martin »	3.127$^{\#}$ 9^{s}
Total	10.135$^{\#}$16^{s}

II. — DÉPENSES

Année 1800

Payé à M. Lecottier, prêtre, pour ses honoraires	700$^{\#}$
Payé à M. Godardière...............	500$^{\#}$
Payé pour le traitement de deux chantres............................	200$^{\#}$
Payé pour le traitement du bedeau..	100$^{\#}$
Payé pour décorations et réparations à l'église..........................	1.027$^{\#}$16^{s}
A reporter...	2.527$^{\#}$16^{s}

Report.....	2.527# 16s
Année 1801	
Payé à M. Lecottier..................	700#
Payé à M. Godardière.................	500#
Payé pour le traitement de deux chantres et du bedeau.....................	300#
Payé pour réparations et achats d'ornements...........................	1.753#
Année 1802	
Payé à M. Lecottier..................	700#
Payé à M. Godardière.................	500#
Payé pour le traitement de deux chantres et du bedeau.....................	300#
Payé pour réparations et achats d'ornements d'église.....................	1.200#
Année 1803	
Payé à M. Lecottier pour ses honoraires pendant 9 mois................	525#
Payé à M. Godardière pour ses honoraires pendant 9 mois................	375#
Payé pour le traitement de deux chantres et du bedeau, pendant 9 mois.....	225#
Payé pour réparations et achats d'ornements pendant 9 mois..............	530#
Total des dépenses égal à celui des recettes.............................	10.135# 16s

Ce compte, qui par l'égalité qu'il présente des recettes et des dépenses peut sembler fantaisiste, fut néanmoins approuvé, le 20 décembre 1806 par les membres de la fabrique : Pierre Bigot, Paillard, Perrin, Féron et par Vital, le curé de Saint-Martin, puis le 23 mai 1807 par l'évêque du Mans.

G

LETTRE DU CONSEILLER RÉAL AU PRÉFET DE LA MAYENNE (1)

POLICE GÉNÉRALE
1er arrondissement
n° 4551, R. 2

Paris, le 2 octobre 1812

Ce n'est pas sans raison, Monsieur, que vous êtes affligé de l'incident qui a pu troubler et suspendre la célébration de la fête de Sa Majesté dans la commune de Mayenne. N'y eût-il que ce défaut d'hommage à la solennité d'un aussi beau jour, c'en serait sans doute assez pour exciter tous vos regrets; et si d'ailleurs la conduite du curé de Saint-Martin n'a pas eu de suites plus fâcheuses pour l'ordre public, ce n'est pas sans doute à sa prudence et à son bon esprit qu'il faut le rapporter.

Vous paraît-il donc bien certain que son repentir, même en le supposant sincère, doive suffire à la réparation de ses torts ? N'y aurait-il aucune mesure à provoquer tant à son égard que pour prévenir désormais entre les églises de Saint-Martin et de Notre-Dame cette espèce de schisme qui les divise, ou qui tout au moins peut les empêcher de concourir aux vues du Gouvernement ? Un exemple récent et fâcheux ne vous pénètre-t-il point de la nécessité de quelques précautions extraordinaires, et n'auriez vous enfin aucunes vues à proposer à ce sujet ?

J'attends incessamment votre réponse; et je suis d'avance persuadé qu'elle sera fondée sur les motifs les plus solides.

Recevez l'assurance de mes sentiments les plus affectueux.

Le Conseiller d'Etat, comte de l'Empire.

Signé : Réal.

(1) V. *Suprà*, p. 141, et les Additions et Corrections.

H

Organisation d'une compagnie de porteurs aux sépultures (1)

(*1838*)

Le 24 janvier 1838, les membres composant le Conseil de Fabrique de l'église Saint-Martin de Mayenne, réunis dans la salle du presbytère, lieu ordinaire de leurs séances, ont arrêté, pour la décence des funérailles, ce qui suit :

Art. 1er. — Une compagnie de neuf porteurs, y compris le chef du convoi, sera établie dans la paroisse. Tous les porteurs seront tenus de faire le service alternativement ; en sera excepté le chef du convoi dont la fonction sera d'avertir les porteurs de l'heure des inhumations, de désigner leur nombre, de diriger le convoi, de faire mettre sur deux files les pauvres qui portent les cierges, et de veiller avec soin à ce que les habits des porteurs soient toujours propres et en bon état.

Art. 2e. — Les porteurs seront couverts d'un chapeau rond, de blouses noires avec des ceintures blanches en cuir et de pantalons noirs avec un liseré blanc. Le chef du convoi aura de plus un manteau noir avec un bâton surmonté d'une petite croix.

Art. 3e. — La fabrique fera les frais nécessaires pour l'acquisition des habits et du bâton sus-mentionnés, mais, pour s'indemniser des avances qu'elle va faire et des dépenses que nécessiteront l'entretien et le renouvellement de ces différents objets, elle désire être autorisée à percevoir un droit fixé pour chaque classe, ainsi qu'il suit :

(1) V. *Suprà*, page 143.

Première classe........... 15 fr.
Seconde classe............ 10 fr.
Troisième classe.......... 8 fr.
Quatrième classe.......... 2 fr.

M. le Curé voudra bien solliciter de Monseigneur l'évêque l'autorisation pour faire la dépense des habits et des objets désignés ci-dessus.

Art. 4e — Le receveur du clergé touchera, au nom des porteurs, un droit fixé pour chaque classe ainsi qu'il suit :

Première classe........... 45 fr.
Seconde classe............ 36 fr.
Troisième classe.......... 22 fr. 50
Quatrième classe.......... 13 fr. 50
Cinquième classe .... 4 fr. 50

Le salaire des porteurs devant être très modique, à raison du grand nombre de sépultures gratuites, le conseil désire qu'eux seuls aient le droit de porter le premier cierge du luminaire appelé le sceau. Les droits perçus seront à la fin de chaque trimestre distribués aux porteurs par le receveur du clergé.

Art. 5e. — Le chef du convoi n'assistera qu'aux 1re, 2e et 3e classes, mais il sera tenu de procurer des porteurs pour la 4e et la 5e classe, comme pour les classes supérieures.

Art. 6e. — Chacun des porteurs, sur l'avertissement du chef, sera tenu, à son tour, de porter les pauvres gratuitement.

Sépulture des enfants :

Art. 7e. — Première classe : Les droits de la Fabrique et des porteurs seront les mêmes que pour la première classe des adultes.

Levée de corps : les droits de la Fabrique seront de un franc et ceux des porteurs de deux francs.

Lorsque le corps de l'enfant sera déposé près de la porte de l'église, le droit des porteurs sera de un franc.

Fait et délibéré les jour, mois et an que dessus.

Signé : Pellier, curé ; Le Marchant ; Goyet-Desmarres ; Prince Louis ; P.-F. Meslay.

Vu et approuvé. Le maire de Mayenne, Nouel de Latouche.

Vu et approuvé par le Conseiller de préfecture secrétaire-général, faisant fonction de Sous-Préfet, Chevallier.

Vu et approuvé par nous, Préfet de la Mayenne. A l'Hôtel de Préfecture, à Laval, le 27 Janvier 1838.

Vu et approuvé. Au Mans, le 1er février 1838, † J.-B., év. du Mans.

I

Confrérie du Rosaire (1)

I. — *Copie du diplôme d'érection du Saint-Rosaire en l'église de Saint-Martin de Mayenne*

In nomine Sanctissimæ Trinitatis Patris et Filii et Spiritûs Sancti et ad laudem et gloriam Beatissimæ genitricis virginis Mariæ D. N. piamque venerationem S. P. N. SS. Rosarii auctoris et institutoris.

Fr. Josephus Maria Larocca, ordinis FF. Prædicatorum humilis magister ac servus.

Omnibus prœsentes litteras inspecturis salutem in Domino sempiternam.

Quemadmodum christianæ perfectionis summam in unitate fidelium ad Christum, veluti membrorum ad caput, omnium perfectionum fontem, necnon unione christianorum ad invicem consistere credimus : ità ad

(1) V. *Suprà*, page 156.

illam adipiscendam, optimum esse orationis medium ratione et experientiâ piè idocemur. Modus verò Deum orandi, secundum quem S.S. Virgo Maria Mater Dei, per centum quinquagenta salutationes angelicas, et quindecim dominicas orationes, instar Davidici psalterii colitur, qui rosarium nuncupatur, ac a S.S. Patre Nostro Dominico primùm inventus et institutus, a summis Romanis Pontificibus successivè ad devotam Patrum nostri ordinis intercessionem approbatus, privilegiis quoque maximis, ac innumeris indulgentiis, aliisque Apostolicis gratiis decoratus, inter ceteros in Ecclesiâ inventos, ad hoc, obtinendum (ut piè credimus) magnoperè confert : nam præter hoc, quod Beatissima Dei Genitrix, cujus intercessio nobis perfectionem hanc impetrare potest, ibi crebrius invocatur, ipse quoque per se modus orandi (si rectè fiat) quàm facillimè compendio illam consequitur, dùm Jesu Christi Salvatoris vitam omnem per quindecim mysteria digestam percurrere facit. Quæ vos in Christo delectissimi et devotissimi Christi fideles loci vulgò dicti Mayenne, diocesis Valleguidonensis, piè considerantes ad habendum, augendum et conservandum prædictum modum orandi confraternitatem psalterii seu Rosarii sub invocationem B. Mariæ Virginis in ecclesiâ parrochiali sub titulo Sancti Martini E. C. dicti loci, instituendi et habendi, ejusque altare et capellam fundandi et erigendi, a nobis instantissimè petivistis per interpositam personam, vobis licentiam impartiri cum gratiis et favoribus opportunis. Nos igitur vestris votis, et piis petionibus inclinati, dictam confraternitem, sicut prœfertur, instituendi Auctoritate Apostolicâ Nobis concessâ, tenore presentium licentiam concedimus et facultatem : accedente tamen assensu ordinarii loci, cum litteris testimonialibus ejusdem, ac prioris viciniоris conventûs, seu loci ordinis nostri, ac mediâ prœdicatione alicujus Patris ejusdem ordinis nostri per suum superiorem destinendi, et dummodò in dicto loco alia confraternitas S.S. Rosarii legitimè erecta non fuerit. Eamque confraternitatem, atque omnes utriusque sexûs Christi fideles in eamdem recipiendos, cum gratiis et indulgenciis sibi a Romanis Pontificibus concessis, prout aliæ consimiles confraternitates in ecclesiis nostri ordinis institutœ potiuntur, recipimus et admittumus in vitâ pariter et in morte. Quœ indulgentiœ singillatim descriptœ habentur in elencho, quem rite *per Ordinarium loci recognitum* unà cum his litteris tradimus diligenter asservandum.

Quibus omnibus indulgentiis et spiritualibus graciis descriptis confraternitatem ipsam nunc erectam, ejusque confratres potiri et gaudere posse decerminus juxtà ea qnœ felicis memoriœ Clemens Papa VIII in constitutione quœ incipit : Quœcumque... datâ sub die 7 Decembris 1604 prœscripsit, et variationes a S.S. D. N. Pio P.P. IX, approbatas, ut ex Decreto S. Congregationis indulgentiarum diei 8 januarii 1861, et cujus constitutionis prœcipua capita cum dictis variationibus subnectuntur scilicet : 1° Quòd unica tantum confraternitas ejusdem instituti et generis institui et aggregari possit in ecclesiis tàm sœcularium quàm regularium ; 2° Quòd id fiat de consensu Ordinarii et cum Litteris testimonialibus ejusdem ; 3° Quòd confraternitati institutæ vel aggregatæ expressè et in specie cummunicentur privilegia et indulgentiœ Ordini instituenti vel aggreganti nominatim concessa, non verò ea quibus per privilegium communicationis gaudet ; 4° Quòd statuta confraternitum examinentur et approbentur ab Ordinario loci et ab eodem corrigi possint ; 5° Quòd gratiœ et indulgentiœ confraternitati communicatœ previà cognitione ordinarii dumtaxat promulgentur ; 6° Quòd confraternitas eleemosinas excipiat et eroget juxtà formam per ordinarium prescribendam ; 7° Quòd litteræ erectionis et aggregationis gratis omninò ac nullâ prorsus mercede etiam a sponte dantibus sub prœtextu merœ eleemosinœ expediri et concedi possint et solummodo titulo expensarum pro pergamena, scripturâ vel impressionis stipendio, sigillorum expensis, cordulis, cerâ, secretarii, notariique labore vel mercede aliisque omnibus eam quantitatem, quæ non excedat summam scutorum sex monetæ romanæ in Italiâ, et extra non excedat summam libellarum vulgò *francs* triginta pro singulâ institutione vel aggregatione vel confirmatione recipere liceat; 8° Quòd singula hic mandata et expressa in omnibus suis partibus fideliter observentur, secùs institutiones vel aggregationes et communicationes privilegiorum et indulgentiarum nullius sint roboris et momenti, et quilibet superiorum atque officialium privationis officiorum quæ obtinent, atque inhabilitatis ad illa et alia in posterùm obtinenda pœnam eo ipso incurrant, quæ ab alio quam a Romano Pontifice remitti non possit. Admonentes ejusdem S.S. Rosarii festum primâ dominicâ mensis Octobris in singulis annis in eodem capellâ celebrari debere juxtà felicis recordationis. Gregorii XIII decretum et institutum, in gratiarum actionem præteritæ ac memorandæ Victoriæ contrà Turcos, ejusdem societatis confratrum fusis precibus, eâdem die, ac (ut piè credimus) auxilio et interventu ejusdem Beatissimæ Virginis Mariæ Dominæ nostræ impetratæ atque obtentæ. Cujus Societatis et Capellæ Capellanum deputamus Reverendum Rectorem pro tempore vel ejus vices gerentem qui nomina et cognomina omnium Christi fidelium in eamdem societatem ingredi, et devotè recipi petentium, in libro ad hoc specialiter deputato, possit scribere, psalteria seu coronas benedicere, sacri Rosarii mysteria reverenter exponere, ac omnia et singula facere, quæ Fratres nostri in ecclesià ad hoc deputati facere possunt, et ritè consueverunt; in diem Christi ejusdem conscientiam onerantes ne pro admissione, ingressu, scripturà et benedictione aliquid omnino temporalis lucri quomodolibet, exigat, sed gratis hæc omnia præstet, quemadmodum piæ Societatis capitula habent, et sanctiones, ut etiam nos in Dei cultum, ejusque Sanctissimœ Matris gloriam et Christi fidelium salutem et profectum gratis accipimus et gratis damus et concedimus. Volumus autem et omnino observari jubemus quod in venerabili icone dictæ capellæ P. N. Dominici, ejusdem Rosarii primaris Auctoris, imago veneranda, flexis genibus de manu deiparæ Virginis coronas oratorias accipientis, pingatur. Decernimus insuper et declaramus postremo, quandocumquè contigerit dictos fratres nostros ibidem ecclesiam obtinere, ipso jure, ipsoque facto, ex nunc pro tunc, absque alià declaratione, sed prœsentium tenore, dictam societatem ac omnes indulgentias et privilegia eidem concessa ablata esse a dictà capellâ, et penitus atque totaliter ad dictam nostram ecclesiam translata cum omnibus bonis temporalibus dictæ societati quomodolibet acquisitis, prœterea ex Brevi quod jure diei 17 Augusti M. D. C. C. C. L. XXVII, ejusdem confraternitatis pro tempore rectorem declaramus præsidem etiam ac moderatorem sodalitatis Rosarii viventis, cum facultate eligendi zelatores et zelatrices intrà limites supradictæ confraternitatis. In nomine Patris et Filii et Spiritus Sancti. Amen. Quibuscumque in contrarium non obstantibus.

In quorum fidem his patentibus litteris officii nostri sigillo munitis manu proprià subscripsimus.

Datum Romœ, die 26 mensis Octobris anni 1888.

Fr. Josephus Maria Larocca, magister generalis Ordinis,

Fr. Ludovicus Cuerva, m. provincialis.

Pro RR. episcopo Valleguidonensi et ex ejus delegatione. Visum et executioni permissum. Valleguidonis, die 20 Decembris 1890

F. O. Lemaître, vic, gén.

Executioni datum.

F. J. M. Florent Chéné, des F. P.

II. — *Procès-verbal de l'érection de la Confrérie du Rosaire*

L'an de grâce mil huit cent quatre-vingt onze, le neuf du mois de janvier.

Nous, Frère Joseph-Marie-Florent Chéné, de l'Ordre sacré des Frères-Prêcheurs, autorisé par le T. R. Père Henri-Marie-Benoit Claver, vicaire du Couvent d'Angers, dans le rayon duquel est située la présente église, avons érigé et institué la Société du Très-Saint-Rosaire de la bienheureuse Vierge Marie dans la présente église de Saint-Martin, ville de Mayenne, au nom du Révérendissime maître général de l'Ordre des Frères Prêcheurs et avec l'approbation de Monseigneur Jules Cléret, évêque de Laval, ordinaire du lieu susdit.

Nous déclarons donc cette confrérie érigée et instituée avec tous les privilèges et toutes les grâces et indulgences accordés aux confréries du Très-Saint Rosaire.

Nous protestons néanmoins que si nos Frères viennent à s'établir dans ce lieu de Mayenne la présente confrérie, établie par nous, sera transférée de plein droit avec ce qui en dépend dans l'église de notre ordre à moins que l'on obtienne une dispense expresse et authentique du Révérendissime maître général de notre ordre.

Nous protestons également que le Révérendissime maître général de l'Ordre des Frères-Prêcheurs se réserve le droit de supprimer la confrérie érigée par nous en son nom si les membres venaient à négliger les réglements salutaires qui en font la vie.

En foi de quoi, nous avons signé.

Signé : Fre J.-M.-Florent Chêné, des Fr. Prêcheurs. Al. Forveille, curé-archiprêtre de Saint-Martin de Mayenne, ch. hon. Ed. Appert, prêtre, vicaire ; L. Pottier, prêtre, vicaire.

III. — *Règlement de la Confrérie du Rosaire*

Art. I. — Dans le but de dissiper tout doute et inquiétude touchant l'existence canonique de la confrérie du Rosaire en cette paroisse de Saint-Martin de Mayenne, en l'absence de pièces officielles et de preuves authentiques y démontrant son établissement après le Concordat, la dite confrérie du Rosaire, primitivement érigée à Saint-Martin en 1565 par le R. P. Touchard, y a été érigée à nouveau *ad cautelam* le neuf janvier mil huit cent quatre-vingt onze par le R. P. Joseph-Marie-Florent Chêné religieux des F. P. du Couvent d'Angers, délégué par le R. P. général des Dominicains, avec l'autorisation écrite de M. l'abbé Lemaître, vicaire général, spécialement délégué *ad hoc* par sa Grandeur Mgr Cléret, ordinaire du lieu.

Article II. — Le diplôme d'érection ainsi que le catalogue des indulgences dûment visés par l'Ordinaire seront conservés avec soin dans les archives de la Fabrique, sous pli spécial.

Article III. — L'autel de la Sainte Vierge, au-dessus duquel se voit une peinture représentant N.-D. du Saint-Rosaire est déclaré être l'autel de la confrérie. Tout auprès restera exposé le tableau des indulgences.

Article IV. — M. le curé-archiprêtre de Saint-Martin se procurera un registre sur lequel il inscrira ponctuellement les noms et prénoms des confrères.

Article V. — Le dimanche, le mardi et le jeudi de chaque semaine, il y aura, le soir, à l'église de Saint-

Martin, une réunion publique en l'honneur du saint Rosaire. On y récitera chaque fois le chapelet en entier et l'on terminera cet exercice par la bénédiction du Saint-Sacrement.

Article VI. — Dans le but de rendre la réunion du dimanche plus solennelle en même temps plus instructive et plus édifiante,

1° On y recommandera, du haut de la chaire, aux prières des associés, les intentions écrites que les fidèles ont l'habitude de déposer dans un tronc placé à cet effet près de l'autel de la confrérie.

2° On s'y appliquera à faire alterner la récitation de chaque dizaine de chapelet avec la méditation, à haute voix, du mystère correspondant. A défaut de cette méditation il y aurait une courte instruction.

3° On y chantera de pieux cantiques se rapportant autant que possible, au Rosaire.

Article VII. — Chaque premier dimanche du mois, en plus de la réunion ordinaire du soir mentionnée cidessus, il y aura à l'intérieur de l'église une procession en vue de gagner l'indulgence pleinière. Cette procession aura lieu à la suite du chant des Vêpres, avant la bénédiction du Très-Saint-Sacrement. On y chantera les litanies de la sainte Vierge suivies du verset et de l'oraison.

Ces exercices pourront être supprimés en cas de concurrence d'une fête paroissiale extraordinaire.

M. le curé rappellera ou fera rappeler aux fidèles, le dimanche qui précédera le premier dimanche du mois, les indulgences principales qu'ils pourront y gagner et les conditions de ces indulgences. Il les engagera à s'approcher ce même jour des sacrements de pénitence et d'eucharistie, surtout le 1er dimanche d'octobre.

Article VIII. — Conformément à la volonté exprimée par Léon XIII dans les lettres encycliques « Supremi apostolatus » du 1er septembre 1883 et « Superiore anno » du 30 août 1884, le mois du Rosaire sera marqué à Saint-Martin par un éclat tout particulier et un redoublement de dévotion. L'ouverture et la clôture en seront faites avec solennité. Le dimanche où l'église célèbre la fête du T. S. Rosaire, on portera, le soir, en procession la statue de la sainte Vierge.

Tous les deux ou trois ans, M. le curé de Saint-Martin procurera aux associés le bienfait d'une retraite préparatoire à cette fête du Rosaire où à celle de la Toussaint.

Article IX.— La confrérie est ouverte à tous les fidèles, même aux pécheurs publics. Toutefois on ne recevra ostensiblement dans la dite confrérie que des personnes recommandables par leur vie chrétienne.

On y admettra les enfants qui suivent le catéchisme de 1re, 2e et 3e communion et même des enfants plus jeunes qui manifesteraient le désir d'y entrer.

Article X. — L'inscription dans la confrérie est absolument gratuite.

L'œuvre dite « Œuvre du Rosaire.», entièrement distincte de la confrérie, pourvoira aux dépenses nécessaires.

Article XI. — La confrérie est dirigée par M. le curé de Saint-Martin ou son premier vicaire en cas d'absence majeure ou de mort.

Fait à Saint-Martin de Mayenne, le 2 février, jour de la Purification de la Vierge, et signé par moi, curé de la paroisse, pour être approuvé avec le règlement de l'Œuvre du Rosaire par sa Grandeur Mgr l'évêque de Laval.

Signé : Alm. Forveille, curé-archiprêtre de Saint-Martin de Mayenne, chanoine honoraire.

Plus bas : Visum et approbatum.

Die 10a aprilis 1891.

Signé: F. D. Lemaître, vicaire général.

I'

Chapelle du Sacré-Cœur [1]

I. — *Bénédiction de la Chapelle du Sacré-Cœur*

L'an mil huit cent quatre-vingt-quatorze, le dimanche dit du Bon Pasteur, huitième jour d'avril, Nous, Jules Cléret, par la grâce de Dieu et la volonté du Saint-Siège évêque de Laval, avons procédé à la bénédiction solennelle, selon les rites de Notre Mère la Sainte Eglise, d'une chapelle de style ogival, sise en la paroisse Saint-Martin de Mayenne, l'avons dédiée au Sacré-Cœur de Jésus et y avons le premier célébré les saints mystères, et ce en présence de M. l'abbé Lemaître, notre vicaire général, de M. Almire Forveille, curé-archiprêtre de Saint-Martin de Mayenne, et de MM. Appert, Pottier et Sigoigne, ses vicaires, de M. Livache, chanoine honoraire, supérieur du Petit-Séminaire, de MM. Bourdais, Bouvier et Brochard, professeurs au Petit-Séminaire, de M. Guesdon, curé d'Aron, de Mlle Aimée de Laubrière, propriétaire dudit lieu et de ladite chapelle, de Mme la baronne de Sarcus, bienfaitrice insigne, de M. Tessier, architecte, et d'une foule considérable d'autres pieux fidèles de Saint-Martin et de Notre-Dame.

Fait double, sous notre seing, à Saint-Martin de Mayenne, le 8 avril 1894.

Suivent les signatures.

(1) V. *Suprà*, page 156.

II. — *Procès-verbal de la bénédiction d'une cloche destinée à la Chapelle du Sacré-Cœur.*

L'an mil huit cent quatre-vingt-quatorze le huitième jour d'avril, nous, Jules Cléret, évêque de Laval, avons bénit solennellement, en la Chapelle du Sacré-Cœur, paroisse de Saint-Martin de Mayenne, une cloche de bronze pesant deux cent cinquante livres, offerte par deux notables familles de Mayenne, de Brunville et Morisset, et lui avons imposé les noms de Marguerite-Marie, à la demande de M. Jean de Brunville et de Mlle Marguerite Morisset, parrain et marraine, soussignés. Etaient présents à cette cérémonie, M. l'abbé Lemaître, notre vicaire général, Almire Forveille, curé-archiprêtre de Saint-Martin de Mayenne, M. l'abbé Livache, chanoine honoraire, supérieur du Petit-Séminaire, M. l'abbé Joseph, curé de St-Georges-Buttavent, M. Croisé, aumônier de l'Hôtel-Dieu et M. Gascoin, aumônier de la Roche-Gandon, MM. Michel, aumônier de la Providence et Verger, aumônier de la Visitation, MM. Jacob, Bouvier et Bourdon, professeurs au Petit-Séminaire, MM. Appert, Pottier et Sigoigne, vicaires à Saint-Martin de Mayenne, Mlle Aimée de Laubrière, propriétaire de la dite chapelle, et Mme la baronne de Sarcus, insigne bienfaitrice, M. et Mme de Brunville, M. le docteur Morisset, Mme Morisset et une foule immense de pieux fidèles appartenant aux deux paroisses de Mayenne.

Fait double, sous notre seing, au presbytère de Saint-Martin, le 8 avril 1894.

Suivent les signatures des personnes désignées ci-dessus et, en plus, celle de M. Tessier, architecte de la chapelle, et de Guesdon, curé d'Aron.

J

TARIF DE LA SONNERIE DES ORGUES ET DES FOURNITURES FAITES PAR LA FABRIQUE POUR LES SÉPULTURES, LES MARIAGES ET LES BAPTÊMES (1).

CHAPITRE I

Droits de sonnerie

Article 1er. — Tarif de la sonnerie pour les sépultures.

1° Sépultures de première classe :

La veille : glas pendant un quart d'heure avec les trois cloches, suivi d'une sonnerie en plein son pendant un quart d'heure avec la petite cloche, un quart d'heure avec la moyenne et un quart d'heure avec la grosse.

Avant les vigiles : sonnerie en plein son, pendant dix minutes, avec chacune des trois cloches successivement.

Avant la messe : sonnerie en plein son, pendant dix minutes, avec chacune des trois cloches successivement.

A l'entrée du corps à l'église : sonnerie en plein son, pendant cinq minutes, avec les trois cloches ensemble.

A l'élévation : sonnerie en plein son, pendant cinq minutes, avec la grosse cloche.

Au départ pour le cimetière : sonnerie en plein son, pendant cinq minutes, avec les trois cloches ensemble.

Droit à percevoir, 45 fr.

Levée de corps et conduite au cimetière : les sonneries sont les mêmes que celles de la sépulture complète, sauf celles qui concerne la messe.

Droit à percevoir, 35 fr.

2° Sépultures de seconde classe :

La veille : glas, pendant un quart d'heure, avec la

(1) V. *Suprà*, page 159.

moyenne cloche et la petite alternativement, suivi d'une sonnerie en plein son, pendant un quart d'heure avec la petite cloche, et un quart d'heure avec la moyenne.

Avant les vigiles : sonnerie en plein son, pendant dix minutes, avec la petite cloche, et dix minutes avec la moyenne successivement.

Avant la messe : sonnerie en plein son, pendant dix minutes avec la petite cloche, et dix minutes avec la moyenne successivement.

A l'entrée du corps à l'église : sonnerie pendant cinq minutes avec la moyenne cloche.

A l'élévation : sonnerie en plein son, pendant cinq minutes avec la moyenne cloche.

Au départ pour le cimetière : sonnerie en plein son, pendant cinq minutes avec la moyenne cloche.

Droit à percevoir, 20 fr.

Levée du corps et conduite au cimetière :

Les sonneries sont les mêmes que celles de la sépulture complète, sauf celles qui concernent la messe.

Droit à percevoir, 15 fr.

3° Sépultures de troisième classe :

La veille : glas pendant dix minutes avec la petite cloche, suivi d'une sonnerie en plein son, pendant dix minutes, avec la même cloche.

Avant les vigiles : sonnerie en plein son, pendant un quart d'heure, avec la petite cloche.

Avant la messe : sonnerie en plein son, pendant dix minutes, avec la petite cloche.

A l'entrée du corps à l'église : sonnerie en plein son, pendant cinq minutes, avec la petite cloche.

A l'élévation : sonnerie en plein son, pendant cinq minutes, avec la petite cloche.

Au départ pour le cimetière : sonnerie en plein son pendant cinq minutes avec la petite cloche.

Droit à percevoir, 3 fr.

Levée de corps et conduite au cimetière : les sonneries sont les mêmes que celles de la sépulture complète, sauf celles qui concernent la messe.

Droit à percevoir, 2 fr.

4° Sépultures de quatrième classe :

La veille : glas, pendant sept minutes, avec la petite cloche, suivi d'une sonnerie en plein son, pendant huit minutes, avec la petite cloche.

Avant le départ du clergé pour la levée du corps : sonnerie, pendant sept minutes, en plein son, avec la petite cloche.

A l'arrivée du corps : sonnerie, pendant cinq minutes, en plein son, avec la petite cloche.

Au départ pour le cimetière : sonnerie, pendant cinq minutes, en plein son, avec la petite cloche.

Droit à percevoir, 0 fr. 30.

Levée de corps et conduite au cimetière : les sonneries sont les mêmes que pour la sépulture complète.

Droit à percevoir, 0 fr. 15.

5° Sépultures de cinquième classe :

La veille : glas, pendant cinq minutes, avec la petite cloche, suivi d'une sonnerie en plein son, pendant cinq minutes, avec la petite cloche.

Avant le départ du clergé pour la levée du corps : sonnerie, pendant cinq minutes, en plein son, avec la petite cloche.

Cette sonnerie est gratuite.

N. B. — Pour les sépultures classées des enfants, les sonneries sont les mêmes que pour celles des adultes et par conséquent le droit est aussi le même, selon la classe demandée.

Article 2. — Tarif de la sonnerie pour les mariages.

1° Mariages de première classe :

Sonnerie, en plein son, pendant sept minutes, avec les trois cloches et à quatre reprises.

Droit à percevoir, 25 fr.

2° Mariages de seconde classe :

Sonnerie, en plein son, à quatre reprises, de chacune sept minutes, avec la moyenne cloche et la petite.

Droit à percevoir, 16 fr.

3° Mariages de troisième classe :

Nombre facultatif de sons, ne dépassant pas quatre sons, avec la moyenne cloche et la petite : durée de chaque son, cinq minutes.

Droit à percevoir, pour chaque son, 2 fr. 50.

Article 3. — Tarif de la sonnerie pour les baptêmes.

1° Baptêmes classés :

Sonnerie, en plein son, à quatre reprises, de chacune sept minutes, avec les trois cloches.

Droit à percevoir, 25 fr.

2° Baptêmes non classés :

Nombre facultatif de sons, ne dépassant cependant pas quatre sons, de chacun cinq minutes, avec la moyenne cloche et la petite.

Droit à percevoir, pour chaque son, 2 fr. 50.

CHAPITRE II

Tarif des fournitures faites à l'église pour les sépultures et les mariages.

Article 1er. — Tarif des fournitures pour les sépultures.

1° Sépultures de première classe :

Tentures dans toute la nef principale de l'église.

Oriflammes de deuil à chaque pilier de la nef principale.

Ecussons aux initiales du défunt.

Catafalque avec tentures, entouré de six ou dix chandeliers selon l'importance du luminaire.

Drap mortuaire en velours noir avec croix de soie blanche.

Deux grands candélabres de chacun vingt-six bougies allumées pendant une demi-heure.

Quatre lustres de chacun douze bougies allumées pendant une demi-heure.

Droit à percevoir, 60 fr.

Levée de corps de première classe : mêmes fournitures à l'église que celles de la sépulture complète.

Droit à percevoir, 35 fr.

2° Sépultures de seconde classe :

Tentures dans toute la nef principale de l'église.

Catafalque sans tentures entouré de six ou dix chandeliers selon l'importance du luminaire.

Drap mortuaire riche en laine damassée avec galons.

Deux grands candélabres de chacun vingt-six bougies allumées pendant une demi-heure.

Droit à percevoir, 20 fr.

Levée de corps de seconde classe : mêmes fournitures à l'église que celles de la sépulture complète.

Droit à percevoir, 10 fr.

3° Sépultures de troisième classe :

Drap mortuaire avec galons.

Six chandeliers.

Droit à percevoir, 3 fr.

Levée de corps de troisième classe : mêmes fournitures que celles de la sépulture complète.

Droit à percevoir, 2 fr.

4° Sépultures de quatrième classe :

Drap mortuaire.

Six chandeliers.

Droit à percevoir, 0 fr. 30.

Levée de corps de quatrième classe : les fournitures sont les mêmes que celles de la sépulture complète.

Droit à percevoir, 0 fr. 15.

5° Sépultures de cinquième classe.

Drap mortuaire.

Quatre chandeliers.

Ces fournitures sont gratuites.

N. B. — Pour les sépultures classées des enfants, la Fabrique ne fournissant rien, les droits à percevoir se réduisent à ceux qui concernent la sonnerie et l'usage des orgues.

Article 2. — Tarif des fournitures pour les mariages.

1° Mariages de première classe.

Parure d'autel riche.

Deux grands candélabres de chacun vingt-six bougies allumées pendant une heure.

Quatre lustres de chacun douze bougies allumées pendant une heure.

Deux fauteuils et deux prie-Dieu pour les époux.

Deux chaises et deux prie-Dieu pour les témoins.

Chaises ordinaires.

Droit à percevoir, 20 fr.

CHAPITRE III

Tarif des droits à percevoir pour les orgues à l'occasion des sépultures, mariages et baptêmes.

Article 1er. — Tarif des droits pour les sépultures.

1° Sépultures de première classe :

Grand orgue pendant toute la cérémonie.

Droit à percevoir, 15 fr.

Levée de corps de première classe : grand orgue pendent la cérémonie.

Droit à percevoir, 5 fr.

2° Sépulture de seconde classe :

Grand orgue pendant toute la cérémonie.

Droit à percevoir, 10 fr.

Levée de corps de seconde classe : grand orgue pendant la cérémonie, 5 fr.

3° Sépulture de troisième classe :

Harmonium pendant toute la cérémonie.

Droit à percevoir, 2 fr.

Levée de corps de troisième classe : harmonium pendant la cérémonie.

Droit à percevoir, 0 fr. 25.

Article 2. — Tarif des droits pour les mariages :

Mariages de première classe :

Grand orgue pendant la cérémonie.

Droit à percevoir, 10 fr.

Article 3. — Tarif des droits pour les baptêmes :

Baptêmes classés.

Grand orgue pendant la cérémonie.

Droit à percevoir, 5 fr.

Ont signé. — Les membres du conseil de Fabrique: Gouvrion; A. Caigné; B. Gillard; P. Boulard; G. Féron; S. Orillard.

Vu et approuvé, sous la réserve que ce règlement particulier ne dérogera, en aucune façon, au règlement général concernant la sonnerie des cloches, qui a été inséré au Recueil des Actes administratifs, n° 27, de 1884. Laval, le 26 juin 1900.

Le Préfet, Seignouret.

Vu et approuvé. Laval, le 29 juin 1900.

Signé : Pierre-Joseph, év. de Laval.

K

TARIF DU LUMINAIRE ET DES CRÊPES AUX DIFFÉRENTES CLASSES DES SÉPULTURES (1)

§ 1er. — Sépultures de première classe.

I. — Luminaire ordinaire :

1° Cierge d'honneur	60 fr. »»
2° 20 cierges à 3 fr. dont 10 pour l'autel et 10 pour être placés autour du corps	60 fr. »»
3° 2 cierges à 3 fr. pour acolytes	6 fr. »»
4° 16 cierges à 3 fr. pour être placés deux à chacun des huit autels de l'église	48 fr. »»
Prix total du luminaire	174 fr. »»

II. — Luminaire minimum :

1° Cierge d'honneur	40 fr. »»
2° 20 cierges à 2 fr. dont 10 pour l'autel et 10 pour être placés autour du corps	40 fr. »»
3° 2 cierges à 3 fr. pour acolytes	6 fr. »»
Prix total du luminaire	86 fr. »»

§ II. — Sépultures de seconde classe.

I. — Luminaire ordinaire :

1° Cierge d'honneur	30 fr. »»
2° 20 cierges à 2 fr., dont 10 pour l'autel et 10 pour être placés autour du corps	40 fr. »»
3° 2 cierges à 2 fr. pour acolytes	4 fr. »»
Prix total du luminaire	74 fr. »»

II. — Luminaire minimum :

1° Cierge d'honneur	16 fr. »»
2° 20 cierges à 1 fr. 50, dont 10 pour l'autel et 10 pour être placés autour du corps	30 fr. »»
3° 2 cierges à 2 fr. pour acolytes	4 fr. »»
Prix total du luminaire	50 fr. »»

(1) V. *Suprà*, page 159.

§ III. — Sépultures de troisième classe.

I. — Luminaire ordinaire :

1° Cierge d'honneur	12 fr. »»
2° 12 cierges à 1 fr., dont 6 pour l'autel et 6 pour être placés autour du corps	12 fr. »»
3° 2 cierges à 1 fr. 50 pour acolytes	3 fr. »»
Prix total du luminaire	27 fr. »»

II. — Luminaire minimum :

1° Cierge d'honneur	8 fr. »»
2° 12 cierges à 1 fr., dont 6 pour l'autel et 6 pour être placés autour du corps	12 fr. »»
3° 2 cierges à 1 fr. 50 pour acolytes	3 fr. »»
Prix total du luminaire	23 fr. »»

§ IV. — Sépultures de quatrième classe.

I. — Luminaire ordinaire :

1° Cierge d'honneur	5 fr. »»
2° 10 cierges à 1 fr., dont 4 pour l'autel et 6 pour être placés autour du corps	10 fr. »»
Prix total du luminaire	15 fr. »»

II. — Luminaire minimum :

1° Cierge d'honneur	4 fr. »»
2° 10 cierges à 0 fr. 75, dont 4 pour l'autel et 6 pour être placés autour du corps	7 fr. 50
Prix total du luminaire	11 fr. 50

§ V. — Sépultures de cinquième classe.

I. — Luminaire ordinaire :

1° Cierge d'honneur	2 fr. 50
2° 4 cierges à 0 fr. 50, pour être placés autour du corps	2 fr. »»
Prix total du luminaire	4 fr. 50

II. — Luminaire minimum :

4 cierges à 0 fr. 50 pour être placés autour du corps	2 fr. »»

§ VI. — Tarif des crêpes fournis par la fabrique pour le cierge d'honneur.

Sépultures de première classe, 8 fr.
— seconde classe, 5 fr.
— troisième classe, 3 fr. 50.
— quatrième classe, 2 fr. 50.
— cinquième classe, 1 fr. 50.

Les membres du conseil de fabrique : Gouvrion ; G. Féron ; E. Gilard ; A. Caigné ; P. Boulard ; S. Orillard.

Vu et approuvé : Laval, le 26 juin 1900.

Le Préfet, Seignouret.

Vu et approuvé : Laval, le 29 juin 1900.

Signé : Pierre-Joseph, év. de Laval.

TABLE ALPHABÉTIQUE

DES

NOMS PROPRES CONTENUS DANS CE VOLUME

A

C

D

E

F

G

I

J

M

N

O

P

Q

R

S

T

V

W

Y

CORRECTIONS ET ADDITIONS

—

Pages	Lignes	
1	7	Lisez « figurait » au lieu de « figuraient ».
22	19	Après « la voie publique », ajoutez : « La partie Est du cimetière est bornée à l'Ouest par le chœur de l'église, au nord par la rue et à l'est par le jardin qui appartint au conventionel Bissy ».
26	28	Après « Jésus » ajoutez : « édifié en 1700 ».
39	6	Après « Besnard » rayez « 3 sols ».
42	32	Lisez « donner » au lieu de « donnait ».
45	10	Lisez « haquenées » au lieu de « hacquenais ».
46	33	Après « soleil », mettre en note ce qui suit :

« Les reclus ne paraissent pas avoir été très rares au moyen-âge. Du temps de l'évêque du Mans, Guillaume de Passavant, on vit deux femmes de familles riches et distinguées se donner au prieuré de Saint-Martin du Mans ; elles y reçurent l'habit religieux et y vécurent sous la direction des moines, probablement en recluses selon l'usage du temps. Les reclus s'enfermaient dans une cellule attenante à une église de quelque monastère, comme nous l'avons vu pour Pâquotte, et faisaient vœu de n'en jamais sortir. Après une épreuve d'un an et la prononciation de leur vœu, devant l'évêque généralement, la porte de la cellule était fermée et scellée. Ces incarcérés volontaires assistaient aux offices par une fenêtre étroite et grillée donnant sur l'église, garnie de rideaux intérieurs et exté-

Pages	Lignes	
		rieurs, afin qu'il ne pussent ni voir, ni être vus. Il y avait ordinairement deux ou trois reclus réunis occupant des cellules qui se communiquaient par de petites fenêtres. Le monastère voisin pourvoyait à la nourriture des reclus. Des prêtres pouvaient se soumettre à ce genre de vie et avaient, indépendamment de leur cellule un oratoire où célébrer la messe. Parfois un jardinet adjacent à la cellule permettait au reclus de prendre l'air. (V. L'*Histoire de l'Eglise du Mans*, par dom Piolin, tome IV, p. 153 ; — L'*Histoire Ecclésiastique* de l'abbé Claude Fleury. Paris, 1717, tome XI, pp. 529 et s.).
71	8	Après « Milcendière » ajoutez : « Veuve de Julien Hervé ».
75	8	Après : « Fête-Dieu » ajoutez : « Sonnées avec carillon des cloches ».
94	11	Lisez « qui » au lieu de « que ».
119	28	Lisez « Françoise Billard » au lieu de « François Billard ».
122	35	Lisez « ensemble » au lieu de « ensembles ».
125	29	Lisez « traditionnelles » au lieu de « traditionnels ».
127	7	Lisez « vallées » au lieu de « montées ».
137	11	Lisez « 1798 » au lieu de « 1748 ».
139	14	Lisez « Bigot » au lieu de « Bizot ».
139	35	Après « Le Forestier » ajoutez « agissant comme ».
141	14	Ajoutez en note : « Des difficultés, dont nous ignorons les causes, que suscita sans doute le curé de Saint-Martin à celui de Notre-Dame en 1812, mirent obstacle à la solennité de la fête de l'empereur. (V. à l'Appendice, note G., une lettre adressée à ce sujet par Réal, conseiller d'Etat, au Préfet de la Mayenne). Une copie de cette pièce qui est aux archives de la Mayenne nous a été communiquée par M. l'abbé Angot ».
143	note 1	Remplacez « note G » par « note H ».

Pages	Lignes	
144	24	Lisez « châsse » au lieu de « chasse ».
145	14	Lisez « George » au lieu de « Georges ».
157	30	Ajoutez en alinéa : 1894. — Bénédiction par l'évêque de Laval de la chapelle dn Sacré-Cœur et des cloches de ce sanctuaire. (V. à l'Appendice, note I, les procès-verbaux de ces cérémonies.

TABLE ANALYTIQUE

CHAPITRE IV

CHAPITRE V

CHAPITRE VI

CHAPITRE VII

APPENDICE

OUVRAGES DE L'AUTEUR

LE CARTULAIRE DE L'ABBAYE DE FONTAINE-DANIEL, texte latin et traduction, par A. GROSSE DUPERON et E. GOUVRION. — Mayenne, POIRIER-BEALU, 1896, grand in-8, 430 pages.

L'ABBAYE DE FONTAINE-DANIEL, étude historique, par LES MÊMES AUTEURS. (Ouvrage orné de quatre dessins). — Mayenne POIRIER-BEALU, 1896, grand in-8, 460 pages.

MAYENNE, album de 12 photogravures de la Ville de Mayenne, avec notes, par A. GROSSE-DUPERON. — Mayenne, POIRIER-BEALU, 1899 (*Epuisé*).

SOUVENIRS DU VIEUX-MAYENNE (Les sieurs de Beauchesne et les Calvairiennes de Mayenne), par A. GROSSE-DUPERON. (Ouvrage orné de cinq dessins et de deux planches d'autographes). — Mayenne, POIRIER-BEALU, 1900, grand in-8, 470 pages (*Epuisé*).

LA BASILIQUE DE NOTRE-DAME DE MAYENNE, par A. GROSSE-DUPERON. — Mayenne, POIRIER-BEALU, 1900. Plaquette de 33 pages, illustrée des armoiries et du sceau de la Basilique (*Epuisé*).

LE PRÉAU (aujourd'hui jardin public) DU CHATEAU DE MAYENNE, par A. GROSSE-DUPERON. (Ouvrage illustré de deux photogravures et d'un plan de l'ancien Château. — Mayenne, POIRIER-BEALU, 1901, in-8, 135 pages (*Epuisé*).

UNE EXCURSION A LA CHAPELLE DE LA VALLÉE, près de Mayenne, par A. GROSSE-DUPERON. Plaquette de 40 pages, illustrée de deux planches hors texte en phototypie. — Mayenne, POIRIER-BEALU, 1901 (*Epuisé*).

DEUX EXCURSIONS AU PAYS DE SAULGES (Souvenirs d'un touriste), par A. GROSSE-DUPERON. Ouvrage illustré de 5 gravures hors-texte en phototypie et d'un plan en deux couleurs. — Mayenne, POIRIER-BEALU, 1901 (*Epuisé*).

L'ANCIEN HOTEL-DIEU DE MAYENNE (dit du Saint-Esprit), par A. GROSSE-DUPERON. Ouvrage illustré de deux photogravures et d'un plan. — Mayenne, POIRIER FRÈRES, 1902 grand in-8, 180 pages.

NOMS DES CHEFS DE MAISON DES PAROISSES DE MAYENNE A LA VEILLE DE LA RÉVOLUTION (1787-1788). Ouvrage accompagné d'un plan de la ville, levé en 1811-1812. — Mayenne, POIRIER FRÈRES. 1903, grand in-8, 43 pages.

LES USAGERS DE LA FORÊT DE MAYENNE. Documents divers, publiés par A. GROSSE-DUPERON. — Mayenne, BOULY, 1903, grand in-8, 150 pages.

LE COUVENT DES CAPUCINS DE MAYENNE. Etude historique, illustrée de deux gravures, hors texte, par A. GROSSE-DUPERON. — Mayenne, POIRIER FRÈRES, 1903, grand in-8, 199 pages.

LES CHAPELLENIES DE MAYENNE, par A. GROSSE-DUPERON. Ouvrage orné de deux gravures. — Mayenne, POIRIER FRÈRES, 1904, grand in-8. 160 pages.

LE CHATEAU D'ARON ET SES GROSSES FORGES, par A. GROSSE-DUPERON. Plaquette de 83 pages, illustrée de deux planches, hors texte. — Mayenne, POIRIER FRÈRES, 1904.

LE DUCHÉ DE MAYENNE. Aveu du 11 Avril 1669, publié par A. GROSSE-DUPERON.-Ouvrage orné de deux gravures. Mayenne, POIRIER FRÈRES, 1904, grand in-8, 210 pages.

LE MANOIR DE TORBECHET. — LA CHAPELLE DU HEC, par A. GROSSE-DUPERON. Plaquette ornée de deux gravures. — Mayenne, POIRIER FRÈRES, 1905, 80 pages.

LA MADELEINE A MAYENNE. – LES BÉNÉDICTINES DE L'ASSOMPTION. – L'HOPITAL GÉNÉRAL ET LE BUREAU DE CHARITÉ, par A. GROSSE-DUPERON. Ouvrage orné d'un plan et d'une gravure, hors texte. — Mayenne, POIRIER FRÈRES, 1905, grand in-8, 274 pages.

DOCUMENTS SUR LA VILLE DE MAYENNE, publiés par A. GROSSE-DUPERON. Un volume orné d'un plan et d'une gravure, hors texte. — Mayenne, POIRIER FRÈRES, 1906, grand in-8, 347 pages.

LA TRIBALLE. Etude philologique et humoristique sur la foire de la Madeleine, à Mayenne, par A. GROSSE-DUPERON (Nouvelle édition). – Mayenne, POIRIER FRÈRES. Plaquette de 26 pages.

VILLE ET PAYS DE MAYENNE, par A. GROSSE-DUPERON. Ouvrage orné d'un plan et de nombreux dessins. — Mayenne, POIRIER FRÈRES, 1908, grand in-8, 744 pages.

LE PASTEUR ELIE BENOIT, par A. GROSSE-DUPERON. Extrait du *Bulletin de la Commission hist. et arch. de la Mayenne*, 2e série tome XXV. Ouvrage orné d'un portrait de Benoit et d'autographes. – Laval, Vve A. GOUPIL, 1909.

LE PRIEURÉ DE BERNE, par A. GROSSE DUPERON. Ouvrage orné d'une vue du prieuré. – Mayenne, POIRIER FRÈRES, 1909, grand in-8, 76 pages.

LE COLLÈGE DE MAYENNE, par A. GROSSE-DUPERON, Ouvrage orné d un plan, de plusieurs gravures et d'autographes. – Mayenne, POIRIER FRÈRES, 1910, grand in-8, 217 pages.

www.ingramcontent.com/pod-product-compliance
Ingram Content Group UK Ltd.
Pitfield, Milton Keynes, MK11 3LW, UK
UKHW012022240726
13965UKWH00002B/517

9 782013 044752